My Day Recipe
마이데이레시피

일러두기

1컵 = 240㎖
1큰술 = 1테이블스푼(테이블스푼 하나 가득한 양)
1작은술 = 1티스푼(티스푼 하나 가득한 양)

부피 계량 시 재료 1컵의 무게

중력분 1컵 = 5온스 = 130g
박력분 1컵 = 4온스 = 120~125g
올드 패션 오트밀 1컵 = 2.5온스 = 74g
퀵 오트밀(또는 일반 오트밀) 1컵 = 3온스 = 83g
코코아가루 1컵 = 3.25온스 = 92g
흰설탕 1컵 = 7온스 = 200g
슈거파우더 1컵 = 4온스 = 115g
황설탕 1컵 = 7.8온스 = 220g
흑설탕 1컵 = 8.4온스 = 240g
당밀 1컵 = 11.25온스 = 322g
콘시럽 1컵 = 11.5온스 = 328g
꿀 1컵 = 11.75온스 = 335g
버터 1컵 = 8온스 = 227g
식물성 쇼트닝 1컵 = 6.75온스 = 190g
식용유 1컵 = 7.5온스 = 215g
땅콩잼 1컵 = 9.25온스 = 266g

이외에 물, 우유, 사워크림, 휘핑크림, 헤비크림, 버터밀크 등은 1컵을 240g으로 계량하세요.

* 이 책에 나오는 레시피는 2~4인분을 기준으로 합니다

엄마는 아메리칸 스타일 Season 2
특별하고 싶은 보통날, 완벽하고 싶은 특별한 날을 위한 레시피

My Day Recipe

마이 데이 레시피

: 정윤정 {Sweet Home Bakery 국산 마샤} 지음 :

웅진 리빙하우스

Letter from OKINAWA

첫 번째 책을 내고 제법 긴 시간이 지났네요. 고사리손으로 빵 반죽을 만지던 대니 군도 어느새 훌쩍 자라서 부엌에서 엄마를 도와주는 아이가 되었답니다. 그동안 저희는 오키나와에서 지냈어요. 바라보고 있으면 마음이 힐링되는 파란 하늘과 바다를 간직한 매우 아름다운 곳이죠. 요즘엔 한국 여행객들도 부쩍 늘었답니다.

큰 아이는 아빠와 엄마의 품을 떠나 대학 진학을 위해 미국으로 떠났고요. 둘째 아이도 고등학교를 졸업하고 미 해군 입대를 앞두고 있어요. 전 여전히 셋째 찬이와 넷째 대니, 둘 때문에 바쁘게 지내고 있고요. 오키나와에 머무는 동안 아이들에게 예쁜 추억을 만들어주려 노력하고 있어요. 미국과는 다른 재료들로 요리한 음식을 아이들에게 맛보게 하는 즐거움이 매우 크답니다.

저도 어쩔 수 없는 한국 엄마인가 봐요. 아침 식사로 간단하게 시리얼이나 토스트를 먹는 미국 스타일에 여전히 적응이 안 돼요. 모름지기 아침은 든든하게 먹어야 한다는 생각에 새벽부터 분주하게 부엌에서 시간을 보내고 있네요. 찬이가 그러더군요. 동양의 엄마들이 아이들에게 제일 많이 하는 말은 "뭐 좀 먹었어? 뭐 좀 먹어야지. 배고프지?" 이런 말이래요. 저도 똑같다네요. 생각해보면 제 할머니, 어머니도 항상 그러셨던 것 같아요. 아침부터 푸짐하게 상을 차리고 도시락은 두세 개씩 싸주셨죠. 방과 후에도 간식과 저녁을 챙겨주시는 건 물론이고요. 그 소소한 일상이 모두 사랑이었다는 걸 이제야 절실히 느낀답니다. 어릴 땐 귀찮게만 느껴지던 사소한 기억들까지 말이에요.

아이들이 엄마가 해주는 음식을 감사하게 먹고 칭찬해 주는 것. 훗날 어른으로 성장한 뒤에 엄마의 밥상을 그리워하는 것. 이 모든 과정이 참 감사하고 행복한 일인 것 같아요. 이제 커서 자기들이 요리를 한다며 부엌을 차지하는 걸 보면 기특한 마음과 '언제 저렇게 커 버렸을까?' 하는 서운함이 교차하기도 해요.

'오늘은 뭘 먹을까?' 아침 뒤엔 저녁 메뉴 걱정이죠. 손님이라도 오는 날엔 고민의 크기가 더 커져요. 미국인 남편과 미국에서 생활하는 제게 누군가 그럴싸한 한식으로 밥상을 차려주면 그것 자체가 굉장히 특별한 밥상이에요. 반대로 매일 한식을 드시는 여러분은 제가 차리는 미국식 밥상이 특별한 한 끼가 될 수 있겠다는 생각이 드네요.

평범하지만 특별한 상을 차려보려는 분들을 위해 이번에도 쉽고 편안하게 준비했어요. 미국 가정식을 위주로 준비했지만, 겁부터 내실 필요는 없어요. '먹방'이 유행하고 음식에 대한 관심이 높아진 만큼 음식 재료를 구하기가 참 쉬워졌으니까요. 가깝게는 마트, 구하기 힘들다면 인터넷을 뒤져보는 것도 즐거움이죠. 레스토랑에서 먹던 음식들의 레시피를 보면 '참 쉽다'고 생각하실 거예요. 집에서 하면 바로 그것이 특별 메뉴죠. 아이들과 남편도 분명 박수를 쳐줄 거예요. 손님을 초대하면 어깨까지 으쓱하게 될 테죠.

음식을 만드시는 여러분들은 분명 저보다 쉬울 겁니다. 적어도 저처럼 대가족은 아니니까요. 빠르고 쉬운 요리 위주로 구성한 것도 대가족인 이유가 큽니다. 그래서 맛은 유지하면서도 빠르고 쉽게, 그리고 풍성하게 먹을 수 있는 음식들을 담았어요. 블로

그에서 사랑받았던 메뉴들과 새로운 조리법들은 기본이고요. 누구나 저보다 쉽고 빠르게 만들 수 있을 거라고 생각해요.

음식은 추억인 것 같아요. 미국에서 자란 제 남편도 가끔 시어머니께서 해주신 음식, 어렸을 때 먹었던 음식들을 먹고 싶어 해요. 코끝을 자극하는 추억의 향기, 입안에 감도는 유년시절의 향수도 모두 음식으로 완성되는 것이니까요. 시간을 거꾸로 흐르게 하는 마법이죠. 지금 이 순간을 영원으로 만들어 주기도 해요. 그래서 엄마들은 모두 마법사예요. 가족들에게 추억이란 마술을 매일 뽐내고 있으니까요.

음식은 또 사랑이기도 합니다. 정성과 사랑을 가득 담으면 분명히 맛이 더 좋아지거든요. 아이들도 자라서 사랑이 가득했던 지금의 음식들을 추억해 줬으면 좋겠어요. 음식이 있기에 달콤한 인생은 멈추지 않을 거예요. 오늘도 전, 그리고 모든 엄마들은 작은 추억 하나를 더하려 부엌에 섭니다. 행복은 사랑으로 빚은 음식에서 시작돼요. 잊을 수 없는 맛은 곧 추억이죠. 행복을 요리하세요. 그리고 미소를 만드세요. 이 책으로 작은 보탬이 될게요.

6월, 오키나와에서

정윤정

Contents

일러두기 · 2
Letter from OKINAWA · 4
요리가 훨씬 간단해지는 팁들 · 12

여기저기 활용 가능한
기본 레시피

딸기잼 Strawberry Jam · 16
샐러드드레싱 Salad Dressing · 17
스위트 & 사워 피클 Sweet & Sour Pickles · 18
리코타 치즈 Ricotta Cheese · 19
간단 파이 도우 Simple Pie Dough · 20
바질 토마토 소스 Basil Tomato Sauce · 21
볼로네즈 소스 Bolognese Sauce · 22
크림소스(알프레도 소스) · 24
Cream Sauce(Alfredo Sauce)

1-2-3-4 케이크(홈메이드 케이크 믹스) · 26
1-2-3-4 Cake(Homemade Cake Mix)

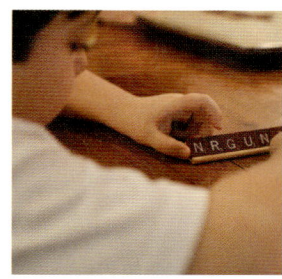   

매일매일 먹고 싶은
보통날의 레시피

세 가지 빈즈 샐러드 Three Beans Salad • 30
일본식 감자 샐러드 • 32
Japanese Style Potato Salad
마카로니 & 참치 샐러드 Macaroni & Tuna Salad • 34
프렌치 어니언 수프 French Onion Soup • 36
고야 참푸르 Goya Champuru • 38
토마토 & 바질 브루스케타 Tomato & Basil Bruschetta • 40
프렌치토스트 French Toast • 42
무반죽 오트밀빵 No-Knead Oatmeal Bread • 44
갈릭 브레드 Pull Apart Garlic Bread • 46
몽키 브레드 Monkey Bread • 48
선드라이드토마토 못난이빵 • 50
Sun Dried Tomato Spoon Bread
가지 파르메산 Eggplant Parmesan • 52
알리오 올리오 Alio Olio • 54
나폴리탄 스파게티 Napolitan Spaghetti • 56
푸타네스카 스파게티 Spaghetti Alla Puttanesca • 58
스웨디시 미트볼 Swedish Meatballs • 60
돈부리 Donburi • 62

드렁큰 누들 Drunken Noodle • 64
미국식 호박전 Zucchini Fritters • 66
오므라이스 Omurice • 68
케이준 슈림프 Cajun Shrimp • 70
해물 파에야 Seafood Paella • 72
라자냐 Lasagna • 74
브렉퍼스트 피자 Breakfast Pizza • 76
치킨가스 Chicken Cutlet • 78
미트로프 Meat loaf • 80
포크립 Pork Ribs • 82
차이라테 Chai Latte • 84
딸기 파르페 Strawberry Parfait • 86
시나몬 커피 케이크 Cinnamon Coffe cake • 88
티라미수 Tiramisu • 90
레몬파이 Lemon Pie • 92
간단 만두 Simple Dumpling • 94
감자 셀러리 볶음 Potato & Celery Stir Fry • 96
셀러리잎 볶음 Celery Leaves Stir Fry • 98

함께 즐기는 기쁜 날
생일 파티 레시피

바나나 포스터 Banana Foster · 102
당근 스콘 Carrot Scone · 104
홈메이드 프로즌 요구르트 · 106
Homemade Frozen Yogurt
애플 크리스프 Apple Crisp · 108
LA김밥 LA Gimbap · 110
콘도그 Corn Dog · 112
홈메이드 햄버거 Homemade Hamburger · 114
바비큐 치킨 피자 Barbecue Chicken Pizza · 116
라이스 크리스피 스시 롤 Rice Crispy Sushi Rolls · 118
바비큐 소스 그릴드 치킨 · 120
Barbecue Sauce Grilled Chicken
단호박 LA찰떡 Pumpkin Sweet Rice Cake · 122
프레첼 Pretzel · 124
초코칩 쿠키 Choco Chip Cookies · 126
브라우니 쿠키 Brownie Cookies · 128
레인보 컵케이크 Rainbow Cupcakes · 130

멋있게 자랑하고 싶은
집들이 레시피

레몬 리코타 & 딸기 발사믹 브루스케타 · 134
Lemon Ricotta & Strawberry Balsamic Bruschetta
홈메이드 렌치 딥(드레싱) · 136
Homemade Rench Dip(Dressing)
에그 스트라타 Egg Strata · 138
피시 & 칩스 Fish & Chips · 140
치킨 엔칠라다 Chicken Enchilada · 142
데리야키 소스 연어구이 & 칠리 마요네즈 소스 · 144
Teriyaki Salmon & Chili Mayo
베트남쌈 Vietnamese Wrap · 146
페스토 치킨 라자냐 Pesto Chicken Lasagna · 148
쿠바식 갈비찜 Cuban Style Ropavieja · 150
치즈케이크 & 블루베리 소스 · 152
Cheesecake & Blueberry Sauce
단호박 스펀지케이크 Pumpkin Sponge Cake · 154
마파두부 Mapa Tofu · 156

간편하고 맛있어서 모두가 즐거운
포틀럭 & 피크닉 레시피

타코 샐러드 Taco Salad · **160**

비스킷 & 밀크 그레이비 Biscuit & Milk Gravy · **162**

크래브 랑군 Crab Rangoon · **164**

치킨 포트 파이 Chicken Pot Pie · **166**

칠리 & 칠리도그 Chili & Chili Dog · **168**

허니 간장 소스 닭봉 Honey Soy Chicken Wings · **170**

소파필라 치즈케이크 Sopapilla Cheesecake · **172**

아몬드 타르트 Almond Tart · **174**

미니 피칸 타르트 Mini Pecan Tart · **176**

과카몰리 Guacamole · **178**

샐러드빵 Salad Sandwich · **180**

베이글 Bagel · **182**

곰돌이 티 샌드위치 Tea Sandwich · **184**

몬테크리스토 Montecristo · **186**

핸드파이 Hand Pies · **188**

버터 피칸 쿠키 Butter Pecan Cookies · **190**

반 미 Bahn Mi · **192**

오키나와 도넛 Sata Andagi(Okinawan Doughnuts) · **194**

여유 있는 시간을 위한
홀리데이 레시피

부활절 브레드 Easter Bread · **198**

콘캐서롤 Corn Casserole · **200**

햄로프 Ham Loaf · **202**

홀리데이 터키 Holiday Turkey · **204**

머디 버디 Muddy Buddies · **206**

건서양대추 & 견과 쿠키 Date & Nut Cookie · **208**

스니커두들 Snickerdoodle · **210**

피칸 토피 바 Pecan Toffee Bars · **212**

호박 파이 Pumpkin Tartlets · **214**

가토 쇼콜라 Gateau Chocolat · **216**

초콜릿 쿠키 파이 Chocolate cookie pie · **218**

크런치 호박 파이 Crunch Pumpkin Pie · **220**

인덱스 Index · **222**

요리가 훨씬 간단해지는 팁들

밀가루, 컵으로 계량하기

미국에서는 컵 계량 방법을 많이 사용하는데, 일일이 무게를 재는 것보다 간편합니다. 밀가루 같은 가루류를 컵으로 계량할 때는 위에서 뿌리듯이 컵에 수북이 담고 스패츌러나 칼등같이 납작한 것으로 깎아서 계량하면 편리하지요.

실 패드(Silpat) 보관법

홈 베이킹에 사용하는 실 패드는 돌돌 말아서 다 쓴 종이타월 심 안에 쏙 넣으면 정리도 깔끔하고 쏙쏙 빼서 쓰기도 편리합니다.

버터를 실온으로 빨리 만드는 법

베이킹을 할 때는 버터도 실온에 1시간 이상 꺼내두어야 말랑하게 되어 쓰기 좋답니다. 미리 꺼내두지 않은 차가운 버터를 실온으로 만들 때, 전자레인지를 많이들 쓰시죠? 그런데 이때 시간을 잘 조절하지 않으면 녹아버리기가 쉬워요. 덩어리 버터를 작게 잘라줘도 시간은 많이 절약되는데요, 그보다 더 좋은 방법은 치즈용 강판을 이용하는 거예요. 정말 간편하게 덩어리 버터가 실온의 말랑말랑한 버터로 변한답니다.

착한 아이스크림 스쿱

제 요리 사진들 속에는 제가 자주 사용하는 몇 가지 도구들이 등장합니다. 그중에서도 제가 사랑하는 도구입니다. 쿠키를 구울 때 쿠키 반죽용 스쿱이 있긴 하지만, 그보다는 집에 있는 아이스크림 스쿱을 사용해보세요. 같은 크기의 쿠키를 굽고 싶을 때 강추합니다. 아이스크림 스쿱은 쿠키 반죽뿐만 아니라 컵케이크 반죽을 머핀틀에 부어줄 때도 같은 양이 계량되어 윗면이 모두 고르게 구워집니다. 저는 미트볼이나 완자전 또는 도넛을 만들 때도 스쿱을 사용한답니다. 여러 가지 사이즈의 스쿱을 고루 사두는 것도 요리할 때 도움이 될 거예요.

종이타월

주방용품 중에 자꾸 사서 모으게 되는 것들이 있지 않나요? 저는 예쁜 머그잔과 예쁜 종이타월만 보면 자꾸 손이 간답니다. 주방에 걸려 있는 알록달록 예쁜 무늬들의 키친타월이 요리를 한층 더 즐겁게 해주거든요. 요즘은 리넨으로 많이들 쓰는데, 리넨이나 면제품 모두 사용하기에 좋아요.

냉장고에 보관한 달걀을 실온으로 빨리 만드는 법

베이킹을 할 때 레시피에 실온의 달걀을 사용하라고 나오죠. 차가운 달걀을 부드럽게 휘핑한 버터에 넣으면 버터가 바로 응고되어버리기 때문이에요. 이런 이유로 달걀을 휘핑하거나 오믈렛을 만들 때도 실온의 달걀을 사용하는 게 훨씬 요리하기 쉬워요. 물론 시간이 있다면 미리 냉장고에서 꺼내두었다가 사용하면 되겠지만 당장 필요할 때 간단하게 활용할 수 있는 방법을 알려드릴게요. 바로 달걀을 따뜻한 물에 한 5분간 담가 놓았다가 사용하는 것입니다!

Basic Recipe 01

딸기잼
Strawberry Jam

딸기잼을 만들 때면 어린 시절 기억이 떠오릅니다. 싱싱한 딸기가 조금이라도 물러지면 엄마는 잼을 만드셨고 그럴 때면 집 안에 달콤한 냄새가 진동했어요. 맛있는 추억 중의 하나랍니다. 식빵이나 스콘에 딸기잼을 발라 차와 함께 먹으면 달콤한 시간을 보낼 수 있어요. 딸기가 한창일 때 만들면 가장 좋지만 냉동 딸기로도 가능합니다.

재료 준비
 1컵 = 240㎖

딸기 450~500g
설탕 1컵
레몬즙 2큰술

1 큰 볼에 딸기, 설탕, 레몬즙을 넣고 섞는다.
2 팬에 넣고 중간 불로 끓인다.
3 중간중간 생기는 거품은 걷는다.
4 원하는 농도가 나오면 불에서 내려 식힌다.
5 미리 소독한 병에 담아 식힌 뒤 냉장 보관한다.

• 부드러운 잼을 좋아하면 딸기와 설탕을 으깨듯이 섞어 사용한다.
• 걸쭉한 농도를 내기 위해 펙틴(Pectin)을 넣거나 사과 ½개를 갈아서 사용하면 좋다. 물론 생략해도 된다.

   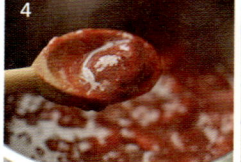 

Basic Recipe
02

샐러드 드레싱
Salad Dressing

건강한 맛을 지닌 홈메이드 샐러드드레싱입니다. 만들기도 간단하고 응용도 쉬운 기본 샐러드드레싱이라 채소를 잘 안 먹는 아이들에게 특별한 맛으로 채소를 먹이고 싶을 때 이 드레싱을 활용하면 좋아요. 다양한 허브를 넣거나 재료의 양과 종류를 바꾸는 방법으로 변형이 가능해서 기본만 알면 요모조모 쓸모 많은 샐러드드레싱입니다.

재료 준비
엑스트라 버진 올리브유 4큰술
레몬즙 2큰술
꿀 1작은술
다진 마늘 1작은술
디종 머스터드 ½작은술
소금·후춧가루 ¼작은술씩

1 작은 병에 모든 재료를 넣고 뚜껑을 꼭 닫은 뒤 잘 흔들어 샐러드드레싱을 완성한다.
2 먹기 직전에 채소에 뿌려 버무리거나 따로 곁들인다.

- 여기서는 올리브유와 레몬즙의 배합 비율을 2:1로 했는데 입맛에 따라 3:1로 조절해도 된다.
- 레몬즙이 없으면 레드와인 비니거, 사이다 비니거, 일반 식초를 사용한다. 레몬즙과 식초를 1:1로 섞어 사용해도 된다.
- 오레가노나 바질, 이탤리언 시즈닝 믹스 등 좋아하는 허브 가루를 1작은술 정도 넣으면 풍미가 더 좋아진다.
- 꿀의 양은 입맛에 맞게 조절한다. 꿀이 없으면 설탕이나 시럽을 사용한다.
- 좀 더 크림같이 걸쭉한 드레싱을 원하면 마요네즈나 사워크림, 요구르트를 3~4큰술 넣는다.
- 마늘 향을 좋아하면 마늘 양을 늘린다.
- 남은 드레싱은 냉장 보관하고, 먹기 전에 반드시 잘 흔들어 사용한다.

Basic Recipe 03

스위트 & 사워 피클
Sweet & Sour Pickles

새콤달콤한 맛에 자극받아 자꾸 손이 가는 피클입니다. 파스타나 고기 요리에 곁들여도 맛있고, 샌드위치나 햄버거에 소로 넣으면 상큼하지요. 후다닥 만들어 냉장고에 반나절만 두었다가 바로 먹을 수 있을 만큼 간단해서 더 좋아요.

재료 준비

1컵 = 240㎖

오이 2~3개
양파 ½개
식초 2컵
설탕 1컵
소금 2큰술
셀러리씨 1작은술
머스터드씨 1작은술
월계수잎 2장
강황가루 ¼작은술(생략 가능)

1 오이는 먹기 좋은 크기로 썰고 양파는 채 썰어 큰 볼에 담는다.
2 냄비에 오이와 양파를 제외한 모든 재료를 넣고 끓인다.
3 끓였다 식히기를 두 번 반복한 ②번을 ①의 오이와 양파에 붓고 실온에서 식힌다.
4 미리 소독한 병에 피클을 담아 냉장고에 반나절 이상 두었다가 먹는다.

- 매운맛을 좋아하면 할라피뇨나 매운 고추를 넣는다.
- 오이와 양파 대신 당근, 무, 양배추 등 다른 채소를 넣어도 맛있다.
- 셀러리씨와 머스터드씨, 월계수잎, 강황가루가 없을 때는 간단하게 시판 피클링 스파이스 2큰술을 사용한다.

리코타 치즈
Ricotta Cheese

관련 레시피 : 라자냐(p.74)

요즘 리코타 치즈를 샐러드나 샌드위치에 사용하는 카페들이 많지만 시판 리코타 치즈는 왠지 제맛이 나질 않아요. 바로 홈메이드만 낼 수 있는 고소하고 건강한 맛이 빠졌기 때문이지요. 리코타 치즈는 만드는 방법이 간단하고 여러 가지 요리에 응용할 수 있어서 한번 만들어두면 온 식구의 간식 걱정을 덜어준답니다.

재료 준비

1컵 = 240㎖

우유 16컵
생크림 2컵
식초 ¼컵+2큰술
소금 1작은술

1. 큰 냄비에 우유와 생크림을 넣고 끓인다.
2. 바닥에 눌어붙지 않도록 저으면서 끓이다가 냄비 안쪽에 거품이 생기면 불에서 내린다. 온도계를 넣었을 때 85℃ 정도 나오면 알맞게 된 것이다.
3. 식초를 넣고 30초 정도 젓는다.
4. 소금을 넣고 30초 정도 젓는다.
5. 냄비에 면포나 종이타월을 덮어 식힌다.
6. 채반에 면포를 깔고 ⑤를 쏟은 뒤 물기가 빠지도록 30분 정도 두어 치즈 덩어리만 거른다.
7. 물기 빠진 치즈 덩어리는 밀폐용기에 담아 냉장 보관한다.

- 우유는 저지방보다는 일반 우유를 사용한다.
- 냉장실에서 일주일 정도 보관이 가능하다.

Basic Recipe 05

간단 파이 도우
Simple Pie Dough

관련 레시피 :
레몬파이(p.92), 아몬드 타르트(p.174),
미니 피칸 타르트(p.176), 초콜릿 쿠키 파이(p.218)

차가운 버터로만 파이지를 만들어야 바삭하다는 고정관념을 깨는 간단 파이 도우입니다. 실온의 버터와 크림치즈를 사용하여 크림치즈의 새콤한 맛이 파이지를 더욱 바삭하고 고소하게 만들어 주지요. 만들기도 간편하여 제가 자주 애용하는 레시피랍니다.

재료 준비

1컵 = 240㎖

10인치 크기 팬 1개 분량

중력분 1¼컵
버터(실온 상태) ½컵
크림치즈 85g
덧밀가루 적당량

1. 푸드 프로세서나 반죽기에 모든 재료를 넣고 마른 가루가 보이지 않도록 섞어서 뭉친 뒤, 냉장고에 넣어 30분 정도 둔다.
2. 반죽을 덧밀가루를 뿌린 도마 위에 놓고 밀대로 밀어 얇게 편다.
3. 팬에 팬닝한 뒤 가장자리를 정리한다.

• 손으로 비비듯이 섞어주며 반죽해도 된다.

바질 토마토소스
Basil Tomato Sauce

관련 레시피 :
가지 파르메산(p.52), 푸타네스카 스파게티(p.58), 라자냐(p.74)

파스타나 라자냐 등 이탤리언 요리의 기본이 되는 토마토소스에 바질을 넣어 향긋한 풍미를 더했습니다. 바질 토마토소스는 매우 다양하게 활용할 수 있는데요, 피자 소스로 사용해도 좋고, 아침에 간단하게 달걀프라이 하나만 곁들여도 호텔 조식 부럽지 않은 훌륭한 한 끼 식사가 됩니다.

재료 준비
1컵 = 240㎖

양파(중간 것) 1개
홀 토마토 통조림 2캔(794g)
생바질 ½컵(20g)
올리브유 4큰술
다진 마늘 2큰술
소금·후춧가루 약간씩

1. 양파를 다진 후, 달군 팬에 올리브유를 두르고 볶는다.
2. 양파가 투명하게 익으면 다진 마늘을 넣고 볶는다.
3. 홀 토마토 통조림을 넣고 으깬 뒤 중간중간 저으면서 20분 정도 중간 불로 끓인다.
4. 생바질을 넣고 5~10분 정도 더 끓인다.
5. 소금, 후춧가루로 간한 뒤 푸드 프로세서나 믹서에 넣고 간다.
6. 밀폐용기에 담아 냉장 또는 냉동 보관한다.

- 좀 더 진한 맛을 원하면 토마토 페이스트를 1~2큰술 정도 넣는다.
- 토마토가 씹히는 것이 좋다면 토마토를 갈지 않고 그냥 사용한다.
- 피자, 치즈 스틱, 브레드 스틱 등의 소스로도 활용할 수 있다.
- 생바질이 없으면 이탤리언 시즈닝 1큰술을 사용한다.
- 생바질의 양은 입맛에 맞춰 가감한다.

볼로네즈 소스
Bolognese Sauce

이탈리아 볼로냐에서 만들어져 볼로네즈 소스라고 이름 붙은 소스입니다. 라구 소스로도 불리는 기본적인 미트 소스입니다. 다양한 이탈리아 요리에 잘 어울리며, 파스타나 라자냐에 넣으면 고급스러운 맛을 냅니다. 풍부한 맛이 살아 있는 요리를 원하면 반드시 알아야 할 소스이기도 합니다.

재료 준비
1컵 = 240㎖

간 소고기 450g
홀 토마토 통조림 2캔(794g)
토마토소스 1캔(425g)
당근(작은 것) 1개
양파(중간 것) 1개
셀러리 2대
마늘 6쪽
화이트와인(또는 레드와인) ½컵
생크림(휘핑크림) ½컵
이탤리언 시즈닝 2작은술
레드페퍼 플레이크 ½작은술
올리브유 적당량
다진 생파슬리 ¼컵
소금·후춧가루 약간씩

1 당근, 양파, 셀러리, 마늘은 각각 다진다.
2 팬에 올리브유를 두르고 간 소고기, 다진 당근·양파·셀러리를 넣어 고기가 바삭하게 익을 때까지 볶는다.
3 다진 마늘을 넣고 볶는다.
4 홀 토마토 통조림을 으깨서 ③에 토마토소스, 와인과 함께 넣고 이탤리언 시즈닝, 레드페퍼 플레이크를 넣어 걸쭉해지도록 끓인다.
5 다진 파슬리를 넣고 약한 불에서 끓인다.
6 소스가 걸쭉해지면 생크림을 넣는다.
7 소금과 후춧가루로 간한다.

- 이탤리언 시즈닝이 없으면 오레가노, 로즈메리, 바질 등을 섞어서 사용한다.
- 간 고기가 없으면 이탤리언 소시지를 사용한다.
- 소고기, 돼지고기, 송아지고기를 섞어 만들면 깊은 맛이 난다. 하지만 송아지고기를 구할 수 없다면 소고기와 돼지고기를 7:3 비율로 섞어 사용한다.
- 볼로네즈 소스에 파르메산 치즈 가루를 곁들이면 잘 어울린다.
- 생파슬리 대신 말린 파슬리 가루 1큰술을 사용해도 된다.

Basic Recipe 08

크림소스(알프레도 소스)
Cream Sauce(Alfredo Sauce)

관련 레시피 : 페스토 치킨 라자냐(p.148)

집에서도 쉽게 만들 수 있는 화이트소스예요. 시판 제품보다 느끼한 맛이 덜해서 아이들도, 어른들도 질리지 않고 먹을 수 있습니다. 넉넉하게 만들어 적당량씩 분할 냉동해 두고 먹고 싶을 때마다 뚝딱, 맛있는 크림소스 파스타를 완성해보세요.

재료 준비

1컵 = 240㎖

휘핑크림 1¼컵
닭고기 육수(치킨 브로스) 1컵
파르메산 치즈 가루 ½컵
올리브유 2큰술
다진 마늘 4작은술
옥수수녹말 1큰술
너트메그가루 ¼작은술
(생략 가능)
후춧가루 ½작은술
소금 약간

1 달군 팬에 올리브유와 다진 마늘을 넣고 볶는다.
2 작은 볼에 휘핑크림, 닭고기 육수, 옥수수녹말, 후춧가루, 너트메그가루를 모두 넣고 섞는다.
3 ①의 마늘 향이 우러나면 ②를 넣고 고루 섞어 끓인다.
4 소스가 걸쭉해지면 파르메산 치즈 가루를 넣고 잘 젓는다.
5 소금으로 간한다.

• 닭가슴살을 넣어 크림소스를 만들고 싶다면, 마늘을 볶을 때 같이 볶아주면 된다.

재료 준비

1컵 = 240㎖

파스타 1팩(500g)
브로콜리 2송이
크림소스 적당량

크림소스 파스타

1 파스타는 설명서에 적혀 있는 조리법대로 삶는다.
2 파스타가 어느 정도 익으면 먹기 좋은 크기로 썬 브로콜리를 넣고 함께 삶아 건진다.
3 파스타와 브로콜리에 크림소스를 얹거나 섞어서 낸다.

- 파스타 삶은 물은 항상 ½~1컵 정도 남겼다가 소스의 농도를 조절할 때 사용한다.
- 브로콜리 대신에 아스파라거스나 다른 채소를 사용해도 좋다.
- 그릴에 구운 닭가슴살이나 새우를 곁들여도 좋다.

Basic Recipe 09

1-2-3-4 케이크
(홈메이드 케이크 믹스)

관련 레시피 : 레인보 컵케이크(p.130)

1-2-3-4 Cake(Homemade Cake Mix)

미국에서 한창 붐을 일으켰던 레시피로, 일반 케이크 만드는 방법과는 약간 다른 투 스테이지법(Two Stage Method)을 이용합니다. 1, 2, 3, 4는 각각 버터, 설탕, 밀가루, 달걀의 비율을 뜻합니다. 간단하지만 훨씬 부드러운 케이크를 만들 수 있어요.

재료 준비

🥄 1컵 = 240㎖

박력분 3컵
설탕 2컵
버터 1컵(227g)
우유 1½컵
달걀 4개
바닐라액 2작은술
베이킹파우더 1큰술
소금 1작은술

1 믹싱볼에 박력분, 베이킹파우더, 소금, 설탕을 넣고 섞은 뒤 버터를 잘게 잘라 조금씩 넣으며 반죽이 모래 같은 상태가 되도록 섞는다.
2 계량컵에 우유와 바닐라액을 넣고 섞는다.
3 ②를 ①에 조금씩 넣으며 섞은 뒤 핸드믹서에 넣고 약하게 돌린다. 수분이 어느 정도 스며들면 핸드믹서의 강도를 중간 단계로 맞춰 5분 정도 휘핑한다.
4 달걀을 하나씩 넣으며 섞는다. 달걀 4개를 다 넣고 섞은 뒤 믹서를 중간 단계로 맞춰 1분 정도 더 휘핑한다. 걸쭉하게 볼륨이 생기면 반죽이 완성된 것이다.
5 9인치 팬 2개에 버터를 바르고 반죽을 나눠 담는다.
6 180℃로 예열한 오븐에 ⑤를 넣고 25~30분 정도 굽는다. 꼬치로 찔렀을 때 밀가루가 묻어나지 않으면 완성된 것이다.
7 오븐에서 꺼내 한 김 식힌 뒤 식힘망에 올려 완전히 식힌다.

- ① 과정을 마친 가루가 홈메이드 케이크 믹스다. 완성된 홈메이드 케이크 믹스는 밀폐용기에 담아 냉장 보관한다.
- 버터는 실온 상태의 버터나 찬 버터 모두 사용할 수 있다. 잘게 잘라서 사용하면 편리하다.
- 달걀은 실온 상태의 것을 사용한다.
- 재료를 휘핑할 때 키친에이드나 핸드믹서를 사용하면 편하다.
- ③에서 믹서 윗부분에 면포를 살짝 덮고 작업하면 내용물이 튀는 것을 방지할 수 있다.
- 반죽을 9인치 팬 2개에 나눠 구울 경우 시간은 25~30분이 적당하고 머핀 팬에 구울 경우에는 25분 정도가 적당하다. 13인치 팬에 구울 경우에는 시간을 40~50분으로 늘리되 꼬치로 찔렀을 때 안 익었으면 시간을 조금씩 늘려 가면서 굽는다.

매일매일 먹고 싶은
보통날의 레시피

세 가지 빈즈 샐러드
Three Beans Salad

메인 요리를 빛내주는 사이드 메뉴로 안성맞춤인 샐러드입니다. 바비큐 요리나 포틀럭 파티에도 잘 어울리고요. 고기 요리에 빈즈 샐러드를 함께 내면 고기의 육즙과 어우러진 상큼한 맛이 입맛을 확 돋워줍니다.

재료 준비

1컵 = 240㎖

그린빈 1캔(약 454g)
왁스빈 1캔
키드니빈 1캔
다진 양파 ½컵
다진 홍피망(또는 다진 파프리카) ¼컵
식초 ½컵
설탕 ½컵
식용유 ⅓컵
소금·후춧가루 약간씩

1 그린빈, 왁스빈, 키드니빈은 체에 밭쳐 물기를 제거한다.
2 큰 볼에 ①과 다진 양파·홍피망을 넣고 섞는다. 작은 볼에 식초, 식용유, 설탕을 넣고 설탕이 잘 녹도록 섞는다.
3 큰 볼에 작은 볼의 것을 넣고 잘 버무린다.
4 소금, 후춧가루로 간한 뒤 밀폐용기에 담아 하룻밤 정도 냉장 보관했다가 먹는다.

Everyday Recipe 02

일본식 감자 샐러드
Japanese Style Potato Salad

일본식 감자 샐러드는 오이와 당근이 들어가서 미국식에 비해 더 아삭아삭하고 건강한 느낌이라, 아이들에게 요리해줄 때는 일본식 감자 샐러드를 추천합니다. 그냥 먹어도 맛있지만 샌드위치를 만들 때 소로 넣거나 아이들 도시락 반찬으로 넣으면 특별한 맛을 낸답니다.

재료 준비

🥄 1컵 = 240㎖

삶은 달걀 3~4개
감자 3개
오이 1개
당근 ½개
양파 ⅛개
마요네즈 ¼~½컵
사과식초 1큰술
설탕 1작은술
소금 ½작은술+약간
후춧가루 약간

1 오이와 양파는 얇게 슬라이스해 소금 ½작은술을 넣고 10분 정도 절인 뒤 물기를 꼭 짠다.

2 감자와 당근은 깍둑썰기한 뒤 끓는 물에 넣고 삶아 물기를 뺀다.

3 삶은 달걀은 길게 2~3등분으로 썬다.

4 큰 볼에 삶은 감자와 당근, 달걀을 넣고 함께 으깬다.

5 ④에 ①의 오이와 양파를 넣고 마요네즈, 사과식초, 설탕을 넣어 버무린다.

6 소금 약간, 후춧가루로 간한다.

- 마요네즈 양은 입맛에 맞게 조절한다. 이때 마요네즈와 사워크림을 1:1로 섞어 사용하면 더 상큼하다.
- 감자와 당근은 잘게 썰수록 삶는 시간을 절약할 수 있다.
- 빽빽한 느낌이 싫다면 감자 삶은 물을 넣어 농도를 조절한다.

마카로니 & 참치 샐러드
Macaroni & Tuna Salad

요리해 먹고 애매하게 남은 파스타가 있다면 어떤 것이나 활용할 수 있어요. 출출할 때 간단하게 즐기는 간식용으로도 좋고 한 끼 식사처럼 샌드위치로 만들어 먹어도 좋아요. 특히 바비큐 요리와 잘 어울려요.

재료 준비

🥛 1컵 = 240㎖

삶은 마카로니 2컵
참치 통조림 2캔
양파 ¼개
빨강 파프리카 ½개
셀러리 ½대
삶은 완두콩 ¼컵
마요네즈 ½컵
디종 머스터드 1작은술
소금·후춧가루 약간씩

1 참치 통조림은 물기를 완전히 뺀다.
2 양파, 빨강 파프리카, 셀러리는 다진다.
3 큰 볼에 참치, 삶은 마카로니, 다진 채소를 넣고 디종 머스터드, 마요네즈를 넣어 섞는다.
4 삶은 완두콩을 넣어 살살 섞고 소금, 후춧가루로 간한다.

- 마카로니가 없으면 다른 쇼트 파스타를 사용한다.
- 다진 스위트 피클을 넣어도 맛있다.
- 마요네즈 양은 입맛에 맞게 조절한다. 이때 마요네즈와 사워크림을 1:1로 섞어 사용하면 더 상큼하다.

프렌치 어니언 수프
French Onion Soup

우리 집에서 가장 인기 있는 수프입니다. 이름은 우아하지만 만드는 방법은 무척 간단한 것도 매력이에요. 루(Roux)를 이용하지 않아 밀가루가 부담스러운 사람에겐 반가운 요리이지요. 양파 덕분에 달콤하면서도 깊은 풍미가 일품입니다.

재료 준비

1컵 = 240㎖

- 양파(작은 것) 5개
- 바게트(또는 이탈리언 브레드) 4조각
- 스위스 치즈 슬라이스 4장
- 소고기 육수(비프 브로스) 3~4컵
- 화이트와인 ¼컵
- 파르메산 치즈 가루 ¼컵
- 버터 2큰술
- 올리브유 1큰술
- 다진 마늘 1큰술
- 소금·후춧가루 약간씩

1 양파는 얇게 슬라이스한다.
2 버터, 올리브유를 두른 팬에 양파, 다진 마늘을 넣고 갈색이 나면서 완전히 무를 때까지 저으며 볶는다. 갈색이 나면 화이트와인을 붓고 알코올을 날린다.
3 육수를 부어 끓이다가 소금, 후춧가루로 간하고 불을 끈다.
4 바게트에 버터를 발라 토스터나 오븐에 굽는다.
5 오븐 용기에 ③의 수프를 담고 ④의 바게트, 스위스 치즈를 올린다.
6 브로일러나 오븐에서 치즈가 노릇하게 익도록 굽는다.

- 소고기 육수가 없으면 닭고기 육수를 사용한다.
- 스위스 치즈가 없으면 모차렐라 치즈를 사용한다.
- 바질 등의 허브가 있으면 마지막에 잘게 썰어 올린다.

Everyday Recipe 05

고야 참푸르
Goya Champuru

우리나라에서 '여주'라고 부르는 고야는 오키나와에서는 아주 흔한 식재료입니다. 참푸르는 일본 말로 여러 가지를 함께 볶는다는 의미예요. 고야가 건강에 좋다고 알려져 볶음 요리, 주스 등 다양하게 조리해서 먹습니다. 두부와 달걀을 더한 고야 요리를 만들어 보세요.

재료 준비

고야 1개
두부 1모
달걀 2개
햄 통조림 120g
올리브유 3~4큰술
맛술 1큰술
간장 2작은술
소금 ½작은술
후춧가루 ¼작은술
당근·숙주·양파·양배추
적당량씩

1 고야는 반을 가르고 수저로 씨와 흰 부분을 긁어서 제거한다.
2 고야를 얇게 썰어서 소금물에 10분 정도 담갔다가 건져 물기를 완전히 뺀다.
3 두부는 먹기 좋은 크기로 썬다. 당근, 양파, 양배추는 채썬다.
4 팬에 올리브유 2큰술을 두르고 달군 뒤 달걀을 풀어서 스크램블드에그를 만들어 접시에 담는다.
5 같은 팬에 남은 올리브유를 두르고 햄 통조림을 넣어 살짝 볶다가 고야, 두부를 넣어 함께 볶은 뒤 나머지 채소를 넣고 볶는다.
6 맛술과 간장을 넣고 볶다가 소금, 후춧가루로 간한 뒤 ④의 스크램블드에그를 넣고 함께 볶는다.

- 고야, 두부, 달걀이 주재료이지만 좋아하는 채소를 추가해도 된다.
- 햄 통조림은 물에 살짝 데쳐서 짠맛을 줄여 사용한다.
- 햄 통조림이 없으면 삼겹살이나 간 돼지고기를 사용한다.
- 참기름을 조금 넣거나 가쓰오부시를 곁들이면 맛이 배가된다.

Everyday Recipe 06

토마토 & 바질 브루스케타
Tomato & Basil Bruschetta

입맛을 돋우는 건강한 애피타이저이면서 간단한 스낵으로 먹기에도 좋은 요리예요. 상큼한 토마토와 향긋한 바질이 어우러져 신선하고 깔끔한 느낌의 맛을 선사합니다. 만들기도 간단하니 가족을 위해 부담 없이 준비하고 칭찬도 받아보세요.

재료 준비

1컵 = 240㎖

바게트 8조각
다진 토마토 1컵
다진 바질 ½컵
마늘 2쪽
버터 4큰술
올리브유 1큰술+약간
소금·후춧가루 약간씩

1 다진 토마토·바질, 올리브유 1큰술, 소금, 후춧가루를 섞는다.
2 바게트에 버터를 발라 오븐토스터에 노릇하게 굽는다.
3 마늘을 반으로 잘라 구운 바게트에 문지른다.
4 바게트에 ①을 적당량 올린 뒤 올리브유 약간을 뿌린다.

- 파르메산 치즈 가루를 뿌려내도 좋다.
- ①을 위에 올려내도 좋지만 따로 담아내도 좋다.
- 오븐토스터 대신 그릴에 바게트를 구워도 좋다.

Everyday Recipe 07

프렌치토스트

French Toast

시나몬가루가 들어가서 맛이 한층 고급스러운 프렌치토스트입니다. 달콤한 시럽을 곁들이면 어른, 아이 모두가 좋아하는 브런치 메뉴로 변신하지요. 일반 식빵도 괜찮지만 바게트로 만들면 식감이 쫄깃해서 더 매력적입니다.

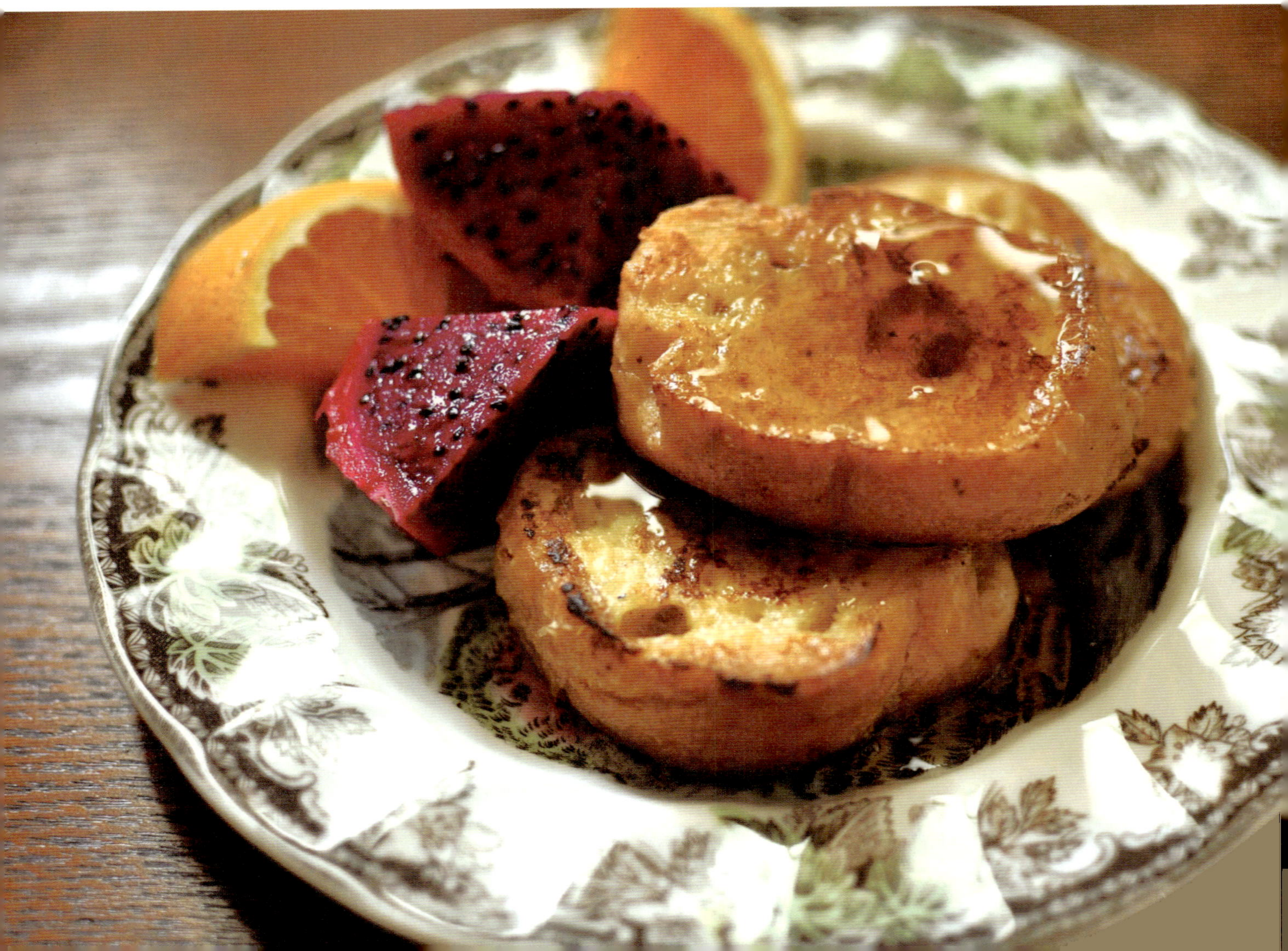

재료 준비

🥛 1컵 = 240㎖

바게트 ½~1개
달걀 3개
우유 1컵
바닐라액 1½작은술
황설탕 1큰술
시나몬가루 ¼작은술
버터 적당량
시럽 적당량

1 바게트는 먹기 좋은 두께로 썬다.
2 볼에 달걀, 우유, 바닐라액, 황설탕, 시나몬가루를 넣고 섞는다.
3 깊은 사각 그릇에 바게트 조각을 깔고 ②를 부어 스며들도록 한다. 중간에 한 번 뒤집는다.
4 팬에 버터를 두르고 ③을 올려 노릇하게 구운 뒤 시럽을 곁들여 낸다.

• 시나몬가루의 양은 ½작은술까지 늘려도 된다.

Everyday Recipe
08

무반죽 오트밀빵
No-Knead Oatmeal Bread

집에서 빵을 구울 때 가장 귀찮은 것이 빵 반죽을 만드는 일이에요. 하지만 이 빵은 반죽 때문에 고민하지 않아도 돼요. 반죽 재료를 그냥 훌훌 섞어서 발효 시킨 뒤 구우면 되니까요. 만들기도 쉽고, 맛있는 것은 물론 건강까지 챙겨주는 빵입니다.

재료 준비

🥛 1컵 = 240㎖

오트밀 ½컵
끓인 물 ½컵
중력분 2컵
통밀가루 1컵
물 1¼컵
녹인 버터(또는 올리브유,
포도씨유) 2큰술
꿀 2큰술
인스턴트 드라이 이스트 2작은술
소금 1작은술
덧밀가루 적당량

1. 오트밀은 끓인 물에 넣어 부드러운 상태가 될 때까지 불린 뒤 반드시 실온에서 식힌다.
2. 식힌 오트밀에 덧밀가루를 뺀 남은 재료를 모두 넣고 마른 가루가 보이지 않도록 훌훌 가볍게 섞어 반죽을 만든다.
3. 반죽에 랩을 씌우고 실온에서 2시간 동안 발효시킨다.
4. 덧밀가루를 뿌린 도마 위에 반죽을 올리고 공기를 살짝 뺀 뒤 다시 랩을 씌워 15~20분 정도 둔다.
5. 반죽을 성형하여 유산지에 올리고 젖은 면포나 랩을 씌워 1시간 정도 2차 발효시킨다.
6. 오븐에 무쇠솥을 넣고 문을 닫은 채 225℃로 예열한다.
7. 2차 발효된 반죽에 길게 칼집을 내어 유산지째 무쇠솥에 넣고 오븐 문을 닫은 채 20분, 오븐 문을 연 채 25~30분 정도 굽는다.

- 끓인 물에 불린 오트밀은 반드시 실온에서 식힌 뒤 반죽한다.
- 인스턴트 드라이 이스트 양을 ¼작은술로 줄이고 실온에서 12~18시간 발효시키면 풍미가 더 좋아진다.
- 밀가루 상태에 따라 물의 양이 달라질 수 있다.
- 반죽은 손에 들러붙을 정도로 진 것이 좋다.
- 무쇠솥 예열은 20분 정도로 충분히 하는 것이 좋다.
- 무쇠솥 손잡이에 손을 데지 않도록 조심한다.
- 반죽을 분할해 구울 경우에는 시간을 조절한다.

Everyday Recipe

갈릭 브레드
Pull Apart Garlic Bread

달달한 빵이 디저트로 좋다면, 짭짤한 빵은 한 끼 식사로 좋아요. 밋밋한 덩어리 빵이 짭짤한 건강빵으로 변신했어요. 한 조각씩 뜯어 먹는 재미가 있고 은은한 마늘 향이 풍미까지 더하는 갈릭 브레드입니다.

재료 준비

🥄 1컵 = 240㎖

빵(통밀빵 또는 단단하고 짠 종류의 빵) 1덩어리
모차렐라 치즈 ½~1컵
버터 6~8큰술
다진 마늘 2큰술
다진 파슬리 약간

1 덩어리 빵 윗면에 뜯어 먹기 좋게 칼집을 넣는다. 이때 전체 모양이 유지되도록 빵 아랫부분은 자르지 않는다.
2 버터를 녹인 뒤 다진 마늘과 섞어 마늘버터를 만든다.
3 마늘버터를 빵 윗면과 빵의 자른 면 사이에 고루 바른다.
4 모차렐라 치즈를 마늘버터 바른 곳에 고루 뿌린다.
5 200℃로 예열한 오븐에서 치즈가 녹도록 15~20분 정도 굽는다.
6 구운 빵 위에 다진 파슬리를 뿌린다.

• 파르메산 치즈 가루를 올려도 풍미가 좋다.

Everyday Recipe 10

몽키 브레드
Monkey Bread

이름도, 동글동글한 모양도 매우 귀여운 빵입니다. 마치 원숭이가 바나나 껍질을 벗겨 먹듯 빵 조각을 하나하나 떼어서 먹는 재미가 있지요. 캐러멜화된 시나몬슈거가 듬뿍 올라가 있어 달콤하면서 진한 게, 정말 맛있어요.

재료 준비

1컵 = 240㎖

10인치 튜브팬 1개분

반죽
중력분 3컵
설탕 3~5큰술
탈지분유 3큰술
버터(실온 상태) 3큰술+½컵
따뜻한 물 1컵~1¼컵
인스턴트 드라이 이스트 2작은술
소금 1¼작은술
오일 스프레이(또는
녹인 버터) 적당량

시나몬슈거
황설탕 1컵
시나몬가루 2작은술

1 제빵기나 반죽기에 버터와 오일 스프레이를 제외한 모든 반죽 재료를 넣고 반죽한다.

2 반죽이 어느 정도 뭉치면 버터 3큰술을 넣고 부드럽게 치댄다.

3 반죽을 둥글게 만든 뒤 랩을 씌우고 반죽이 2~2.5배가 되도록 40분~1시간 정도 두어 1차 발효시킨다.

4 반죽을 눌러 공기를 빼고 작게 분할한 뒤 랩을 씌워 15분 정도 둔다.

5 작은 볼에 버터 ½컵을 담아 전자레인지를 사용하여 녹이고 다른 볼에는 황설탕, 시나몬가루를 넣고 섞어 시나몬슈거를 만든다.

6 ④의 반죽을 둥글려 녹인 버터에 담갔다가 시나몬슈거를 묻히고 다시 녹인 버터를 바르거나 오일 스프레이를 뿌린 팬에 올려 팬닝한다.

7 랩을 씌워 40~50분 정도 2차 발효시킨다.

8 180℃로 예열한 오븐에서 35~45분 정도 굽는다.

9 큰 접시를 팬에 대고 뒤집어서 완성된 몽키 브레드를 담는다.

- 반죽을 할 때 물의 양은 1컵에서 시작해 질기를 확인하며 추가한다.
- 반죽을 분할해 둥글릴 때 크림치즈나 핫도그를 안에 넣어서 성형하면 아이들이 아주 좋아하는 특별한 몽키 브레드가 된다.
- 이 반죽은 어느 단과자빵에나 응용 가능한 레시피이다.

Everyday Recipe 11

선드라이드토마토 못난이빵
Sun Dried Tomato Spoon Bread

치대기가 필요 없는 간단한 방법으로 만들 수 있는 빵입니다. 기본적인 레시피에 원하는 재료를 넣어 여러 가지 맛의 빵을 만들어보세요. 여기 소개하는 선드라이드토마토와 치즈의 궁합도 매우 좋아요. 반죽을 떼어 그대로 팬닝한 것이라 '못난이빵'이라고 부르는데, 맛은 최고예요.

재료 준비

1컵 = 240㎖

다진 선드라이드토마토 ½컵
중력분 3~3⅓컵
파르메산 치즈 가루 ½~1컵
따뜻한 물 1½컵
올리브유 2큰술
인스턴트 드라이 이스트 2¼작은술
소금 1½작은술

1 따뜻한 물과 인스턴트 드라이 이스트를 섞는다.
2 남은 재료를 모두 넣고 스패출러나 나무 주걱으로 마른 재료가 보이지 않도록 섞는다.
3 반죽에 랩이나 뚜껑을 씌운 뒤 실온에서 1시간 30분~2시간 정도 두어 반죽이 2.5배가 되도록 발효시킨다.
4 공기를 살짝 빼서 원하는 양만큼 조금씩 떼어 팬닝하고 위에 파르메산 치즈 가루를 뿌린 뒤 30분 정도 2차 발효시킨다.
5 220℃로 예열한 오븐에서 10~15분 정도 굽는다.

- 선드라이드토마토는 기름에 담겨 있는데 사용할 때는 기름을 제거한다. 만약에 말린 그대로의 것이면 물에 담가 부드럽게 해서 사용한다.
- 선드라이드토마토가 없으면 삶아 다진 시금치나 다진 생당근을 사용한다.
- 따뜻한 물은 1컵부터 시작하여 필요하면 ½컵까지 더 넣을 수 있다.
- 치즈는 아무것이나 좋아하는 종류로 사용한다.

Everyday Recipe
12

가지 파르메산

Eggplant Parmesan

가지 파르메산은 가지를 싫어하는 아이도 맛있게 먹을 수 있는 요리입니다. 빵가루를 묻혀 튀긴 가지에 토마토소스와 모차렐라 치즈를 올려 굽는 요리로 파스타를 곁들일 경우 거뜬하고도 멋진 한 끼가 완성되지요.

재료 준비

🥄 1컵 = 240㎖

가지(보통 크기) 2~3개
달걀 2개
홈메이드 토마토소스 4컵
(p.21 기본 레시피 참조)
빵가루 2~3컵
모차렐라 치즈 2컵
밀가루 적당량
올리브유(또는 식용유) 적당량
물(또는 우유) 약간
소금 약간

1 가지는 5mm 크기로 썰어 종이타월을 깐 베이킹 팬에 올리고 소금을 고루 뿌린다.
2 가지에 다시 종이타월을 덮고 그 위에 다른 베이킹팬을 올려 20분 정도 둔 뒤 물기를 눌러 뺀다.
3 달걀에 물을 약간 섞고 곱게 풀어 달걀물을 만들고, 빵가루와 밀가루는 각각 넓은 그릇에 담아 준비한다.
4 물기 뺀 가지에 밀가루, 달걀물, 빵가루 순으로 옷을 입힌다.
5 팬에 올리브유를 두르고 ④를 얹어 노릇하게 익힌 뒤 기름기를 뺀다.
6 베이킹 용기에 토마토소스를 깔고 가지를 고루 편 뒤 모차렐라 치즈를 올린다.
7 200℃로 예열한 오븐에서 치즈가 녹고 소스가 보글보글 끓을 때까지 20~30분 정도 굽는다.

- 삶은 파스타를 곁들이면 한 끼 식사로 훌륭한 요리가 된다.
- 시판 빵가루를 사용할 때는 너무 건조하지 않도록 스프레이로 물을 약간 뿌려 사용한다.
- 홈메이드 토마토소스가 없으면 시판 파스타 소스를 사용한다.
- 가지 대신 주키니를 사용해도 맛있다.
- 토마토퓌레나 홀 토마토 통조림 대신 기본 레시피에 있는 홈메이드 토마토소스(p.21 기본 레시피 참조)를 사용해도 된다.

Everyday Recipe 13

알리오 올리오
Alio Olio

레스토랑에서 알리오 올리오를 사 먹어보면 집에서도 곧잘 할 수 있을 것 같은 생각이 듭니다. 실제로도 간단한 요리로, 짧은 시간에 폼 나게 만들 수 있지요. 페페론치노를 넣으면 칼칼한 맛과 은은한 마늘 향으로 어른들도 좋아하는 파스타가 됩니다.

재료 준비

1컵 = 240㎖

2~3인분

스파게티 면 230g
다진 마늘 1~2큰술
페페론치노 2개
다진 파슬리 1큰술
스파게티 면 삶은 물 ½컵
올리브유 5큰술
파르메산 치즈 가루 적당량
소금·후춧가루 약간씩

1 스파게티 면은 제품 설명에 나온 시간대로 삶는다(보통 9분 정도).
2 달군 팬에 올리브유와 다진 마늘을 넣고 볶은 뒤 마늘이 어느 정도 익으면 페페론치노와 다진 파슬리를 넣고 볶는다.
3 스파게티 면 삶은 물을 넣고 끓여 소스를 완성한다.
4 삶은 스파게티 면을 건져 소스에 넣고 국물이 자작해지도록 끓이면서 버무린 뒤 소금, 후춧가루로 간한다.
5 파르메산 치즈 가루를 뿌린다.

- 마늘은 슬라이스해 넣으면 보기에 좋고 다져서 넣으면 맛이 더 진하다.
- 스파게티 면 삶은 물은 1컵 정도 남겼다가 소스 농도를 조절할 때 쓴다.
- 마늘과 페페론치노의 양은 선호하는 매운맛에 따라 가감한다.
- 긴 스파게티 면이 없으면 다른 종류의 파스타를 사용해도 된다.

Everyday Recipe 14

나폴리탄 스파게티
Napolitan Spaghetti

토마토케첩의 달달한 맛과 소시지의 감칠맛 때문에 아이들이 매우 좋아하는 나폴리탄 스파게티입니다. 조리 마지막에 반숙으로 익힌 달걀 프라이를 얹어주세요. 보기에 먹음직스러우면서 독특하고 익숙한 맛이 자꾸 입맛을 다시게 하니까요.

재료 준비

🥣 1컵 = 240㎖

2~3인분

스파게티 면 230g
비엔나소시지 4~5개
청피망(큰 것) 1개
양파 ½개
마늘 2쪽
토마토케첩 3큰술+3큰술
버터 1큰술
올리브유 2큰술
스파게티 면 삶은 물 ¼~⅓컵
파르메산 치즈 가루 30g
소금·후춧가루 약간씩

1 스파게티 면은 제품 설명에 나온 시간대로 삶는다(보통은 9분 정도). 마늘, 비엔나소시지는 슬라이스하고 양파, 청피망은 먹기 좋은 크기로 썬다.
2 달군 팬에 올리브유를 두르고 마늘을 넣어 볶는다.
3 마늘 향이 우러나면 채소와 비엔나소시지를 넣고 함께 볶다가 채소가 어느 정도 익으면 스파게티 면 삶은 물을 넣는다.
4 토마토케첩 3큰술을 넣어 소스를 완성한다.
5 삶은 스파게티 면을 건져 소스에 넣고 남은 토마토케첩 3큰술을 넣어 섞는다.
6 파르메산 치즈 가루와 버터를 넣고 섞은 뒤 소금, 후춧가루로 간한다.

- 설탕을 아주 약간, 우스터소스를 ½작은술 정도 넣어도 맛있다.
- 비엔나소시지 대신 베이컨을 사용해도 좋고 양배추를 첨가해도 좋다.
- 토마토케첩 양을 ½로 줄이고 동량의 시판 파스타 소스를 섞어서 사용해도 좋다.

푸타네스카 스파게티
Spaghetti Alla Puttanesca

안초비가 들어가 감칠맛 나는 깔끔한 스파게티입니다. 너무 느끼하지도, 너무 가볍지도 않아 저녁 식사로 먹거나 갑자기 누군가 놀러 왔을 때 내기에 좋아요. 해물이나 다른 모양의 파스타를 넣으면 요리 느낌이 또 달라지지요.

재료 준비

1컵 = 240㎖

2~3인분

스파게티 면 250~300g
토마토퓌레 통조림 1캔(800g)
안초비 3마리
마늘 4쪽
블랙 올리브 ½컵
케이퍼 1½큰술
오레가노가루 1작은술
으깬 레드페퍼 ½작은술
다진 이탤리언 파슬리 2큰술
올리브유 ¼컵
파르메산 치즈 가루 적당량
소금·후춧가루 약간씩

1 스파게티 면은 제품 설명에 나온 시간대로 삶는다(보통 9분 정도). 블랙 올리브와 마늘은 슬라이스한다.
2 달군 팬에 올리브유와 마늘을 넣고 볶다가 마늘 향이 나면 안초비, 으깬 레드페퍼, 오레가노가루, 다진 이탤리언 파슬리를 넣고 볶는다.
3 블랙 올리브와 케이퍼를 넣고 볶다가 토마토퓌레를 넣고 끓인다.
4 소금, 후춧가루로 간해 소스를 완성한다.
5 ①의 삶은 스파게티 면을 ④의 소스에 넣고 버무린다.
6 파르메산 치즈 가루를 곁들여 낸다.

- 토마토퓌레 대신 홀 토마토 통조림을 사용할 경우 으깨거나 갈아서 넣는다.
- 토마토퓌레나 홀 토마토 통조림 대신 홈메이드 토마토소스(p.21 기본 레시피 참조)를 사용해도 된다.
- 매운맛을 좋아하면 으깬 레드페퍼의 양을 늘린다.
- 스파게티 면 삶은 물을 1컵 정도 두었다가 소스 농도 조절에 사용한다.

Everyday Recipe
16

스웨디시 미트볼
Swedish Meatballs

아이들과 주말 쇼핑을 가면 항상 스웨디시 미트볼을 사 먹었어요. 오키나와에 이사 온 뒤로는 그럴 수가 없어 대신 집에서 만들어 먹고 있습니다. 스웨디시 미트볼에 부드러운 그레이비소스와 잼을 곁들이면 절로 외식하는 기분이 든답니다.

재료 준비

🥄 1컵 = 240㎖

간 소고기·간 돼지고기 250g씩
양파(작은 것) 1개
다진 마늘 1큰술
달걀 2개
빵가루 1컵
우유 ½컵
버터 1큰술
올리브유 1큰술
우스터소스 1작은술
너트메그가루·올스파이스
¼작은술씩
소금·후춧가루 ¼작은술씩
다진 파슬리 약간
딸기잼 적당량

그레이비소스

소고기 육수(비프 브로스) 1컵
생크림 ½컵
우스터소스 ½작은술
녹말가루 1½큰술
후춧가루 약간

1 양파는 잘게 다진다. 달군 팬에 올리브유를 두르고 버터를 녹인 뒤 다진 양파와 마늘을 넣고 부드러워질 때까지 볶는다.
2 큰 볼에 볶은 양파와 마늘, 남은 재료(다진 파슬리 제외)를 모두 넣고 잘 섞은 뒤 냉장실에 넣어 1시간 정도 둔다.
3 숟가락 크기로 동그랗게 미트볼을 빚어(36~40개 정도) 200℃로 예열한 오븐에서 25분 정도 굽는다.
4 그레이비소스 재료를 모두 섞은 뒤 걸쭉해지도록 끓인다.
5 ③의 미트볼을 그레이비소스에 넣고 버무린다.
6 다진 파슬리를 뿌린 뒤 딸기잼과 함께 낸다.

• 원래 스웨덴에서는 링건베리잼과 함께 먹지만 구하기가 어려우니 딸기잼이나 라즈베리잼으로 대신한다.

Everyday Recipe 17

돈부리
Donburi

이제는 우리에게도 익숙한 음식이죠. 달달한 양파와 부드러운 달걀, 고소한 튀김이 어우러진 뜨끈한 밥을 한 숟가락 크게 떠서 입에 넣으면 푸짐하고도 맛있어요. 달짝지근한 간장 소스 때문에 더욱 감칠맛이 납니다.

재료 준비
1컵 = 240㎖

돼지고기(또는 닭가슴살) 2조각
빵가루 2컵
달걀 2개
달걀물(달걀 1개+물 1큰술)
양파 ¼개
맛국물(멸치 또는 다시마 육수) ¼컵
간장·맛술·술 1큰술씩
설탕 2작은술
밀가루 적당량
식용유 적당량
파 또는 파슬리 약간

1. 돼지고기는 랩을 씌우고 납작하게 두드려 밀가루, 달걀물, 빵가루 순으로 튀김옷을 입힌다. 양파는 슬라이스한다.
2. 식용유에 노릇하게 튀긴 돈가스를 먹기 좋은 크기로 썬다.
3. 작은 팬에 맛국물, 간장, 맛술, 술, 설탕, 양파를 넣어 중간 불로 끓인다.
4. 양파가 어느 정도 익으면 돈가스를 올린다.
5. 달걀을 풀어 돈가스 위에 붓고 불을 조금 줄인 뒤 뚜껑을 덮어 1분 정도 둔다.
6. 파 또는 파슬리를 올려서 낸다.

- 돈가스나 치킨가스 외에 새우튀김 등 좋아하는 것으로 응용할 수 있다.
- 달걀의 익힘 정도는 입맛에 맞게 조절한다.

드렁큰 누들
Drunken Noodle

독특한 이름을 가진 이 누들은 숙취 해소 효과가 있어서 이런 이름이 붙었다고 해요. 넓적한 쌀국수를 사용하는 타이식 볶음면으로, 새콤달콤하면서 매콤한 소스가 입맛을 자극합니다. 좋아하는 채소나 고기, 해물을 듬뿍 넣고 만들어보세요.

재료 준비

 1컵 = 240㎖

넓적한 쌀국수면 80g
타이칠리 1개
양파·빨강(또는 초록) 파프리카 ½개씩
당근·데친 그린빈 30g씩
마늘 2쪽
생바질 1컵
올리브유 2큰술
라임(또는 레몬) 1개

소스
간장·피시 소스 2큰술씩
와인식초(또는 사과식초) 2큰술
설탕 1큰술

1 따뜻한 물에 쌀국수면을 넣고 30분 정도 불린다.
2 작은 볼에 소스 재료를 모두 넣고 섞는다.
3 파프리카, 당근은 슬라이스하고 양파는 채 썰고 마늘은 다진다. 달군 팬에 올리브유를 두르고 타이칠리, 채썬 양파와 다진 마늘을 먼저 볶아 향을 낸 후 남은 채소를 넣고 함께 살짝 볶는다.
4 쌀국수면과 소스를 넣고 쌀국수면이 부드러워지도록 볶는다.
5 라임 ½개 분의 즙과 생바질을 넣고 살짝 볶는다.
6 ⑤를 접시에 담고 나머지 라임을 슬라이스하여 얹어낸다.

- 간 고기나 해물을 150g 정도 넣어도 맛있다.
- 매운 타이칠리가 없으면 으깬 레드페퍼나 청양고추를 넣는다.
- 좋아하는 채소는 어떤 것이든 사용 가능하다.
- 요리 위에 땅콩 분태를 뿌려서 내도 좋다.

Everyday Recipe 19

미국식 호박전
Zucchini Fritters

미국 사람들도 호박전을 먹는다니 좀 신기하지요? 미국에서는 애호박이 아닌 주키니를 사용해서 호박전을 만드는데요, 특이하게도 호박전을 사워크림이나 요구르트 소스에 찍어 먹더라고요. 한 입 크기로 만들어 뚝딱 먹을 수 있어 부담도 없습니다.

재료 준비

🍚 1컵 = 240㎖

주키니 1개(400g)
달걀 1개
홍피망 ½개
실파 약간
중력분 ¼~½컵
파르메산 치즈 가루 ¼컵
베이킹파우더 ¼작은술
소금 1작은술
올리브유 적당량

1 주키니는 얇게 채 썰어 소금에 10분 정도 절인다.
2 절인 주키니는 물기를 꼭 짠다.
3 실파는 송송 썰고 홍피망은 잘게 다진다. 볼에 올리브유를 제외한 모든 재료를 넣고 살살 섞어 반죽을 만든다.
4 팬에 올리브유를 두르고 반죽을 먹기 좋은 크기로 떠 넣어 노릇하게 굽는다.

- 파슬리, 오레가노 같은 허브를 넣어도 좋다.
- 다진 양파, 마늘, 옥수수를 넣어도 맛있다.
- 반죽의 질기는 물이나 밀가루를 가감하여 조절한다.

Everyday Recipe 20

오므라이스
Omurice

매일 먹어도 질리지 않는, 아이들이 무척 좋아하는 메뉴 중 하나입니다. 새콤달콤한 토마토케첩이 들어간 밥에 부드러운 오믈렛을 얹어 크게 한 숟가락 떠먹으면 기분까지 행복해집니다. 바쁠 때 후다닥 만들 수 있는 메뉴라서 더 좋아요.

재료 준비

1컵 = 240㎖

밥 1공기(240g)
슬라이스 햄 5장
(또는 닭고기 50g)
양파 ¼개
토마토케첩 3큰술
토마토 페이스트 1큰술
버터 1큰술
올리브유 1큰술

오믈렛
달걀 3개
생크림 1큰술
버터 1큰술
소금·후춧가루 약간씩

1 양파와 햄은 다진다. 달군 팬에 올리브유와 버터를 넣고 양파와 햄을 넣어 볶는다.
2 밥을 넣고 볶다가 토마토케첩과 토마토 페이스트를 넣어 섞은 뒤 소금, 후춧가루로 간한다.
3 달걀, 생크림, 소금, 후춧가루를 섞어 달걀물을 만든다. 버터 1큰술을 녹인 팬에 달걀물을 붓고 부드럽게 저으면서 오믈렛을 만든다.
4 오믈렛 위에 ②의 볶음밥을 올리고 모양을 잡아 접시에 담는다.

• 피망이나 버섯을 넣어도 좋다.
• 우스터소스를 약간 넣으면 더 맛있다.

Everyday Recipe 21

케이준 슈림프
Cajun Shrimp

새우를 좋아하는 사람들에게 특히 인기 있는 요리입니다. 보통은 담백한 빵을 찍어 먹지만, 의외로 밥과도 잘 어울리고 파스타 소스로도 활용할 수 있습니다. 콜레스테롤이 걱정된다면 새우 대신 닭가슴살을 사용하세요. 새우 못지않게 맛있답니다.

재료 준비

1컵 = 240㎖

새우 450~700g
생크림 ½컵
화이트와인 ¼컵
올리브유 ¼컵+약간
다진 마늘 1큰술
레몬페퍼 ½작은술
오레가노가루 ½작은술
다진 로즈메리 2큰술
월계수잎 1장
우스터소스 1큰술
마늘가루 1작은술
소금 약간
다진 파슬리 1큰술

1 생크림과 다진 파슬리를 제외한 모든 재료를 새우와 버무려 30분 정도 둔다.
2 팬에 올리브유를 약간 두르고 새우를 넣어 분홍색이 될 때까지 살짝 익힌다.
3 생크림과 새우를 버무렸던 양념을 모두 넣고 끓인다.
4 다진 파슬리를 넣어 마무리한다.

- 새우는 입맛에 따라 껍질을 벗겨서 또는 껍질째 사용한다.
- 새우는 너무 오래 익히지 않는다.
- 허브는 신선한 것을 사용하는 게 가장 좋지만 말린 가루도 상관없다. 단 말린 것은 양을 ⅓로 줄여 넣는다.
- 소스 양이 풍성한 것을 원하면 생크림 양을 늘리거나 물을 넣는다.

Everyday Recipe 22

해물 파에야
Seafood Paella

스페인 음식은 해물을 많이 사용하는 데다 짭조름해서 우리 입맛에도 잘 맞아요. 파에야는 색깔이 예쁘고 맛도 있어서 먹으면 절로 기분 좋아지는 요리예요. 손님을 초대했을 때나 입맛 없는 날 만들어 스페인의 바다 냄새를 물씬 느껴보세요.

재료 준비

1컵 = 240㎖

쌀 2컵
오징어 100g
조개 10~15마리
홍합 8마리
대하 5~6마리
청피망·홍피망 1개씩
양파·레몬 ½개씩
완두콩·데친 그린빈 적당량씩
다진 마늘 1큰술
타임 가루 1작은술
월계수잎 1장
닭고기 육수(치킨 브로스) 5~7컵
토마토퓌레 3큰술
화이트와인 ¼컵
올리브유 4큰술
레몬 5조각
다진 파슬리 약간
소금·후춧가루 약간씩

1 양파, 청피망, 홍피망은 다진다. 팬에 올리브유를 두르고 다진 양파와 다진 마늘을 볶아 향을 낸다.
2 월계수잎과 타임 가루를 넣고 살짝 볶는다.
3 나머지 채소와 토마토퓌레, 화이트와인을 넣고 볶는다.
4 쌀을 넣고 윤기가 나도록 볶는다.
5 닭고기 육수를 넣고 쌀이 익을 때까지 중간 불로 20분 정도 끓인다.
6 해물을 모두 넣고 10분 정도 더 끓인다.
7 다진 파슬리를 뿌리고 얇게 슬라이스한 레몬 조각을 올린다.

• 해물 대신 닭고기나 돼지고기, 소시지를 넣어도 맛있다.
• 사프란을 0.5g 정도 넣으면 색이 더 예쁘게 난다.
• 닭고기 육수는 입맛에 맞게 가감한다.

74 마이 데이 레시피

라자냐
Lasagna

기본 레시피에 소개한 토마토소스를 사용합니다. 어느 레스토랑과 비교해도 손색없는 엄마표 홈메이드 라자냐를, 아이들이 정말 좋아해요. 마늘빵과 샐러드만 추가하면 손님 접대용으로도 거뜬하지요. 고소한 리코타 치즈가 환상의 궁합을 보여줍니다.

재료 준비

1컵 = 240㎖

'Oven-ready' 라자냐 면 1팩
이탈리언 소시지 1팩(453g)
토마토소스 6컵
(p.21 기본 레시피 참조)
리코타 치즈 2컵
(p.19 기본 레시피 참조)
모차렐라 치즈 2컵+1컵
달걀 1개
파르메산 치즈 가루 ¼~½컵
올리브유 2큰술
다진 파슬리 약간

1. 'Oven-ready' 라자냐 면은 삶지 않고 사용할 수 있기 때문에 물에 담가 30분 정도 불린다.
2. 달군 팬에 올리브유를 두르고 이탈리언 소시지를 넣어 잘 익을 때까지 볶다가 토마토소스를 넣고 끓인다.
3. 작은 볼에 리코타 치즈, 달걀, 모차렐라 치즈 2컵을 넣고 섞는다.
4. 9×13인치 크기의 오븐 용기에 토마토소스 2컵을 고루 담고, 그 위에 라자냐 면 3장을 편 뒤 리코타 치즈를 고루 올리고, 다시 토마토소스 1컵을 올려 고루 편다. 라자냐 면 3장, 리코타 치즈, 토마토소스 순으로 반복해 올린다.
5. 맨 위에는 남은 모차렐라 치즈 1컵과 파르메산 치즈 가루를 올리고 은박지를 살짝 씌워 190℃로 예열한 오븐에서 25분 정도 굽는다.
6. 은박지를 벗기고 치즈가 노릇해지도록 10분 정도 더 굽는다.
7. 다진 파슬리를 솔솔 뿌린다.

- 이탈리언 소시지 대신 간 소고기를 사용해도 맛있다.
- 'Oven-ready' 라자냐 면이 아닌 일반 라자냐 면일 경우 제품 설명대로 삶아서 사용한다.
- 은박지를 씌울 때 재료에 가깝게 너무 누르면 굽는 동안 치즈가 녹으면서 달라붙을 수 있으니 살짝만 씌운다.
- 리코타 치즈도 기본 레시피의 홈메이드 재료를 사용하면 더 고소하고 맛있다.

브렉퍼스트 피자
Breakfast Pizza

한국의 길거리 토스트를 연상시키는 브렉퍼스트 피자입니다. 오믈렛을 얹은 피자라 아침 식사용으로도 매우 좋아요. 오믈렛을 소로 넣어 샌드위치를 만들어 먹어도 맛있지만 주말 아침에 피자로 만들어 먹으면 색다르고 부지런한 주말을 보낼 수 있지요.

재료 준비

1컵 = 240㎖

피자 도우
중력분 2컵
인스턴트 드라이 이스트 2¼작은술
설탕 1작은술
소금 ¾작은술
올리브유 2큰술
따뜻한 물 ¾컵

오믈렛
달걀 4개
마요네즈 2큰술
버터 2큰술

토핑
모차렐라 치즈 ½컵
소시지 적당량
방울토마토 적당량
다진 이탤리언 파슬리 약간

1 제빵기에 피자 도우 재료를 모두 넣고 반죽한다. 반죽이 어느 정도 부드러워지면 꺼내서 볼에 담고 랩을 씌운 뒤 부피가 2배가 될 때까지 1시간 정도 발효시킨다.
2 반죽을 2개로 분할하고 랩을 살짝 씌워 15분 정도 중간 발효시킨다.
3 오믈렛 재료 중 달걀과 마요네즈를 잘 섞어 버터를 녹인 팬에 부은 뒤 주걱으로 저으면서 부드러운 오믈렛을 만들어 살짝 식힌다.
4 ②의 반죽을 원하는 크기로 밀고 ③의 오믈렛, 모차렐라 치즈, 슬라이스한 소시지와 방울토마토, 이탤리언 파슬리 등을 올린다.
5 225℃로 예열한 오븐에서 12~15분 정도 굽는다.

- 제빵기가 없다면 큰 볼에 따뜻한 물, 설탕, 인스턴트 드라이 이스트를 넣어 잘 섞은 뒤 남은 가루류를 넣고 훌훌 저어 마른 가루가 보이지 않도록 한다. 랩을 씌워 실온에서 1시간 정도 발효시킨다.
- 살사 소스를 곁들여도 맛있다.

치킨가스
Chicken Cutlet

치킨가스는 그냥 먹어도 맛있지만 치킨파르메산이나 치킨가스 돈부리, 샌드위치로도 활용할 수 있는 만점 메뉴입니다. 한 번에 넉넉히 만들어서 냉동했다가 먹을 때마다 바로바로 튀기면 간편해서 좋아요.

재료 준비

1컵 = 240㎖

닭가슴살 2조각(450g)
달걀 1개
빵가루 1~2컵
박력분 2큰술
양배추채 적당량
돈가스 소스 적당량
식용유 적당량
소금·후춧가루 약간씩

1 닭가슴살은 기름기를 제거한 뒤 비스듬하고 얇게 썬다.
2 랩 사이에 닭가슴살을 올리고 고기 망치로 납작하게 두드린 뒤 소금, 후춧가루로 간한다.
3 달걀과 박력분을 섞어 달걀 반죽을 만든다. 납작한 그릇에 빵가루를 담는다.
4 닭가슴살에 달걀 반죽, 빵가루 순으로 튀김옷을 입힌다.
5 175~180℃로 예열한 식용유에 닭가슴살을 노릇하게 튀겨 치킨가스를 완성한다.
6 치킨가스에 양배추채와 돈가스 소스를 곁들여 낸다.

- 튀김옷을 만들 때, 레시피와 같이 밀가루와 달걀을 섞어 재료에 입히면 간편하다.
- 닭가슴살 대신 돼지고기를 사용해 같은 방법으로 튀기면 돈가스가 된다.
- 튀김옷을 만드는 재료들의 양은 2배까지 늘려도 된다.

Everyday Recipe
26

미트로프
Meat Loaf

미국에서 가장 흔한 저녁 메뉴 중 하나입니다. 저녁으로 따뜻하게 미트로프를 먹고 남은 것은 다음 날 샌드위치로 만들어 먹는 일석이조 요리이기도 하고요. 아이, 어른 모두 좋아하는 말 그대로 국민 메뉴예요. 소스를 넉넉히 만들어 더 맛있게 드세요.

재료 준비

1컵 = 240㎖

미트로프
간 소고기 900g
간 돼지고기 450g
달걀 3개
식빵 2장
우유 ½컵
다진 셀러리·다진 양파 ½컵씩
다진 파슬리 ¼컵(또는 파슬리가루 1큰술)
다진 마늘 1큰술
올리브유 2큰술
그라운드 드라이 머스터드 1큰술
타임가루 2작은술
소금 2작은술
후춧가루 1작은술

소스
토마토케첩 1¼컵
간장·우스터소스 ¼컵씩
황설탕 ¼컵

1 작은 볼에 빵과 우유를 넣고 빵을 우유에 불린다.
2 팬에 올리브유를 두르고 다진 셀러리·양파·마늘을 넣어 볶는다.
3 큰 볼에 ①과 ②, 남은 미트로프 재료를 모두 넣고 소스 중 ⅓을 넣어 조물조물 섞는다.
4 베이킹 용기에 나눠 담고 남은 소스 중 ½을 위에 얹는다.
5 200℃로 예열한 오븐에서 20분 정도 굽고 180℃로 온도를 낮춰 50분 정도 굽는다.
6 미트로프를 그릇에 담고 남은 소스를 곁들여 낸다.

- 오븐에서 윗면이 탈 수도 있으니 어느 정도 익으면 은박지를 씌운 뒤 마저 굽는다.
- 베이컨을 얹어 구워도 맛있다.
- 베이킹 용기가 아닌 베이킹팬에 재료를 넓게 부어 구워도 된다.
- 같은 레시피로 미트볼을 만들 수 있다.

Everyday Recipe

Everyday Recipe
27

포크립
Pork Ribs

항상 먹는 요리가 지겨울 때, 가끔은 특별한 만찬을 먹고 싶을 때 간단하게 포크립을 만들어보세요. 손으로 들고 뜯어 먹는 재미가 있어서 아이들이 매우 즐거워합니다. 채소 요리를 곁들이면 영양 많은 한 끼 식사로도 아주 좋아요.

재료 준비

1컵 = 240㎖

돼지갈비 1.8kg

소스
다진 마늘 3쪽 분량
다진 파슬리 ¼컵(또는 파슬리가루 1큰술)
파프리카가루 2큰술
칠리가루 1큰술
레드페퍼 플레이크 2작은술
오레가노가루 2작은술
올리브유 2큰술
황설탕 3큰술
소금 ½~1큰술
후춧가루 1큰술

1 볼에 소스 재료를 모두 넣고 섞는다.
2 넓은 쟁반에 은박지를 깔고 돼지갈비를 놓은 뒤 소스를 고루 바른다.
3 은박지를 씌우고 봉한 뒤 냉장고에 넣어 1시간 이상 둔다.
4 170℃로 예열한 오븐에 ③을 넣어 1시간 30분 정도 굽는다.
5 은박지를 벗기고 중간중간 남은 소스를 바르면서 20분 정도 더 굽는다.

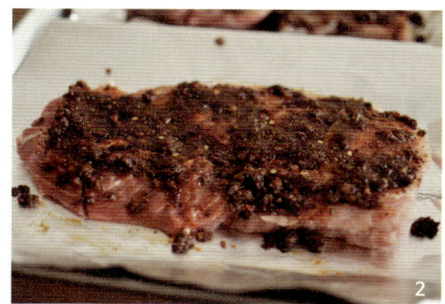

• 슬로쿠커를 사용해 약한 불로 4~6시간 정도 조리해도 된다.

Everyday Recipe
28

차이라테
Chai Latte

은은한 홍차와 시나몬의 향이 어우러져 기분을 좋게 만드는 차이라테입니다. 겨울에 따뜻하게 마셔도 좋지만, 한여름에 얼음을 넣어서 시원하게 마시면 더위가 싹 가시죠. 시판 제품도 많지만 집에서 만들면 더 진하고 더 건강하답니다.

재료 준비

1컵 = 240㎖

홍차가루 10g
우유 1컵
물 ¼컵
카르다몸 3개
정향 3~5개
시나몬 스틱 1개
생강가루 ¼작은술
설탕 1큰술

1 작은 냄비에 물, 카르다몸, 정향, 시나몬 스틱, 생강가루를 넣고 끓인다.
2 끓으면 홍차가루를 넣는다.
3 우유를 넣고 우르르 끓어오르면 불을 끈다.
4 고운체에 걸러 잔에 담고 설탕을 넣어 잘 저어준다.

- 생강가루는 ½작은술까지 늘려도 된다.
- 설탕 양은 입맛에 맞게 조절한다.

Everyday Recipe

Everyday Recipe 29

딸기 파르페
Strawberry Parfait

입으로 먹기 전에 먼저 눈으로 먹는 딸기 파르페입니다. 간단하게 바닐라 케이크를 만들어 사용했지만 이것도 귀찮으면 그레이엄 크래커를 으깨어 사용하세요. 설탕에 살짝 절인 딸기와 부드러운 생크림이 어우러진 달콤한 디저트랍니다.

재료 준비

 1컵 = 240㎖

바닐라 케이크 반죽
(8인치 팬 1개 분량)

중력분 1컵
설탕 ¾컵
달걀 3개
생크림 ⅓컵
식용유(또는 포도씨유) 3큰술
베이킹파우더 1¾작은술
바닐라액 2작은술
소금 약간
오일 스프레이(또는 버터) 약간

딸기 필링

딸기 3컵
설탕 2큰술

생크림 토핑

생크림 1컵
바닐라액 약간
설탕 2큰술

1 푸드 프로세서나 믹서에 설탕, 중력분, 소금, 베이킹파우더를 넣고 돌린다.
2 생크림과 식용유를 넣고 8~10회 정도 기계 버튼을 눌러가며 돌렸다 멈췄다를 반복한다.
3 달걀과 바닐라액을 넣고 5~6회 정도 기계 버튼을 눌러가며 돌렸다 멈췄다를 반복해 바닐라 케이크 반죽을 만든다.
4 8인치 팬에 오일 스프레이나 버터를 바르고 반죽을 붓는다.
5 180℃로 예열한 오븐에서 30~35분 정도 구워 팬에서 식힌 뒤 식힘망에 옮겨 완전히 식힌다.
6 필링용 딸기는 적당한 크기로 잘라 설탕과 섞어 30분 정도 절인다.
7 ⑤의 바닐라 케이크를 먹기 좋게 잘라 준비한다. 푸드 프로세서나 믹서에 생크림 토핑 재료를 모두 넣고 단단하게 휘핑한다.
8 깊이가 있는 작은 투명 용기에 조각케이크, 딸기 필링, 생크림 토핑 순으로 반복해 담는다.

- 바닐라 케이크 레시피를 기본으로 하되 레몬필이나 오렌지필, 양귀비씨를 넣어도 좋다.
- 생크림을 간편하게 휘핑하려면 생크림, 설탕, 바닐라액을 밀폐용기나 병에 넣고 3~5분 정도 흔든다.
- 민트잎으로 장식하면 딸기의 빨간색이 더욱 돋보인다.

Everyday Recipe 30

시나몬 커피 케이크
Cinnamon Coffee Cake

처음부터 오븐 사용이 가능한 그릇에 재료를 넣고 바로 반죽해 구울 수 있는 간편 레시피입니다. 시나몬슈거 토핑 대신 건과일을 넣어 구워도 맛있어요. 굽는 내내 은은한 시나몬 향이 집 안을 따뜻하게 만드는 힐링 레시피이기도 합니다.

재료 준비

1컵 = 240㎖

8인치 정사각 팬 1개 분량

케이크 반죽

중력분 1½컵
따뜻한 우유 ⅔컵
달걀 1개
설탕 4큰술
인스턴트 드라이 이스트 1큰술
녹인 버터 2큰술
식용유(또는 카놀라유, 포도씨유) 2큰술
바닐라액 1작은술
소금 ¼작은술

시나몬슈거 토핑

버터(실온 상태) 3큰술
황설탕 ¾컵
시나몬가루 1~2작은술

아이싱

슈거파우더 1컵
우유 2~3큰술
바닐라액 약간

1 베이킹 볼에 따뜻한 우유를 넣고 인스턴트 드라이 이스트를 섞은 뒤 나머지 케이크 반죽 재료를 모두 넣고 훌훌 섞는다.
2 그대로 랩을 씌워 10분간 둔다.
3 작은 볼에 시나몬슈거 토핑 재료를 넣고 손으로 비벼 섞은 뒤 ②의 반죽 위에 고루 뿌린다.
4 예열하지 않은 오븐에 ③을 넣은 뒤 온도를 180℃로 맞추고 25~30분 정도 굽는다.
5 볼에 아이싱 재료를 모두 넣고 섞는다.
6 ④의 완성된 시나몬 커피 케이크를 한 김 식힌 뒤 아이싱을 고루 뿌린다.

- 우유는 반드시 따뜻하게 데워 사용한다.
- 케이크 반죽은 너무 오래 섞지 말고 마른 가루가 보이지 않을 정도로만 살짝 섞는다.
- 건과일을 반죽에 섞어 구워도 맛있다.
- 시나몬슈거 토핑을 올린 뒤 살짝 눌러줘도 좋다.

Everyday Recipe
31

티라미수

Tiramisu

원래 티라미수는 1차로 레이디핑거나 비스퀴를 만들어야 하지만, 좀 더 간단하게 만들고 싶다면 시판 스펀지케이크 시트나 카스텔라를 사용하면 됩니다. 우아한 티라미수를 이렇게 간단하게 만들 수 있다는 것을 알면 깜짝 놀랄 거예요.

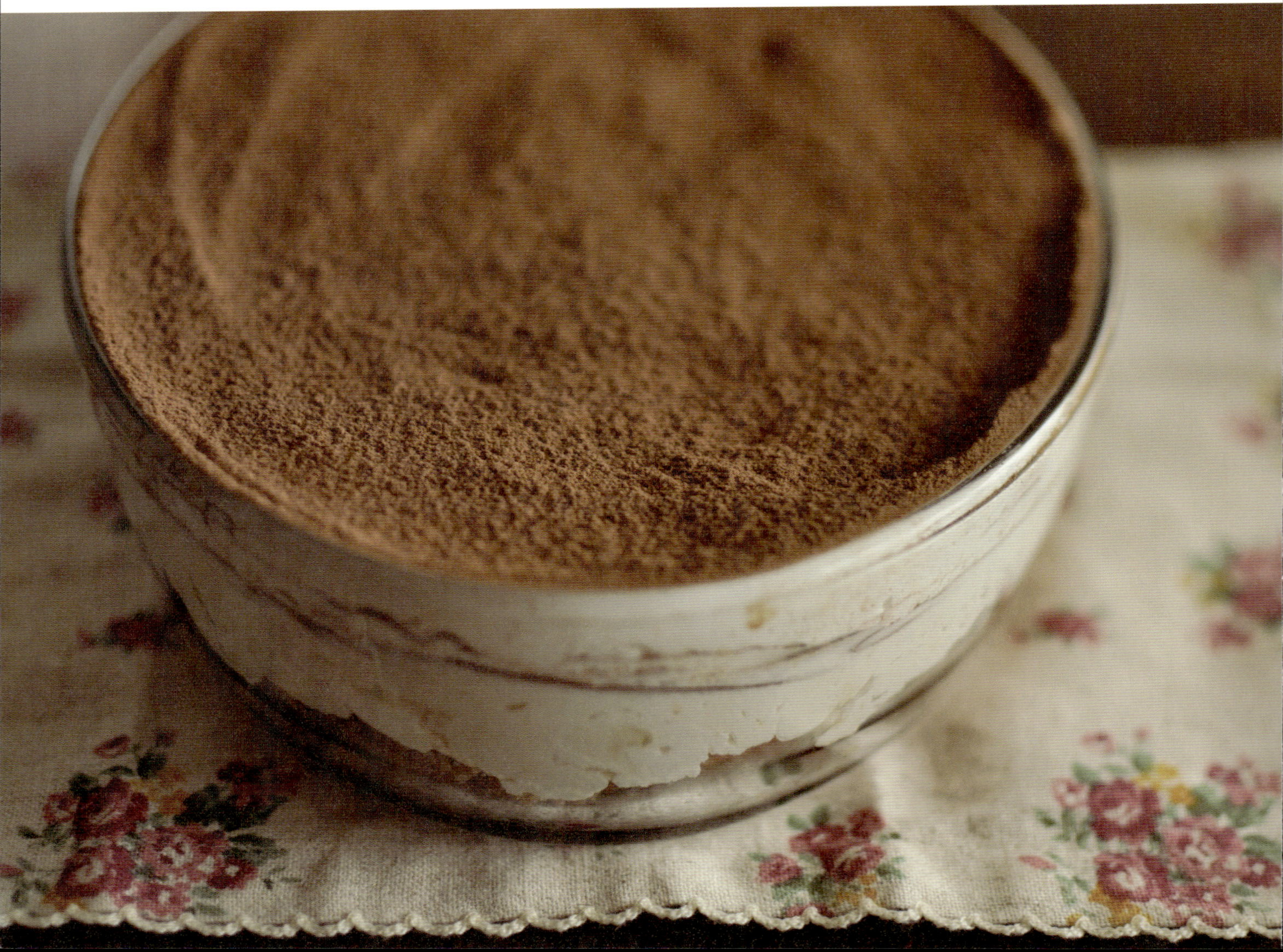

 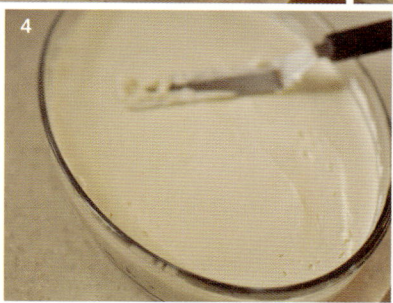 

재료 준비

1컵 = 240㎖

생크림 2컵
크림치즈(실온 상태) 1팩(226g)
칼루아 2큰술
설탕 ¼컵+½컵
스펀지케이크 시트 1장
에스프레소 커피 1잔
바닐라액 ½작은술
코코아가루·슈거파우더 적당량씩

1 생크림에 바닐라액과 설탕 ¼컵을 넣고 단단해질 때까지 휘핑한다.
2 크림치즈, 칼루아, 설탕 ½컵을 부드럽게 섞는다.
3 ②에 ①의 휘핑한 생크림 중 ½을 넣고 부드러워지도록 섞어 크림치즈 필링을 만든다.
4 완성 용기에 스펀지케이크 시트를 깔고 베이킹용 붓으로 에스프레소 커피를 바른 뒤 크림치즈 필링을 올려 고루 편다.
5 코코아가루를 체에 담아 뿌리고 남은 휘핑한 생크림을 올린 뒤 다시 한 번 코코아가루를 뿌린다. 코코아가루가 축축해지는 것을 방지하려면 슈거파우더를 먼저 뿌리고 코코아가루를 뿌린다.

- 크림치즈는 실온 상태의 것이나 전자레인지에 살짝 돌려 부드럽게 해서 사용하도록 한다.
- 에스프레소 커피가 없다면 인스턴트커피를 진하게 타서 사용한다.
- ⑤에서 남은 생크림을 올릴 때 짤주머니를 이용하면 모양이 예쁘게 나온다.
- 완성 용기가 작다면 재료를 조금씩 넣으면서 이 과정을 반복한다.

Everyday Recipe 32

레몬파이
Lemon Pie

시어머니가 주신 레시피 카드에서 발견한 보물 같은 레시피입니다. 레몬 바 같으면서도, 머랭이 들어가 필링이 부드럽고 케이크처럼 폭신한 파이지요. 나른하고 피곤한 날, 상큼한 레몬 향으로 기분 좋은 하루를 만들어주는, 힘 나는 파이입니다.

재료 준비

1컵 = 240㎖

파이 도우 10인치 크기 1장 분량
(p.20 기본 레시피 참조)

필링
중력분 3큰술
설탕 ¾컵
달걀노른자·달걀흰자 2개씩
우유 1컵
녹인 버터 4큰술
레몬필 1개 분량
레몬주스 ¼컵
주석산 ¼작은술
소금 약간

1 큰 볼에 달걀흰자와 주석산을 제외한 모든 재료를 넣고 부드럽게 섞는다.
2 다른 볼에 달걀흰자와 주석산을 넣고 휘핑하여 단단한 머랭을 만든다.
3 머랭을 ①에 넣으며 스패출러로 살살 섞어 필링을 만든다.
4 완성 용기에 파이 도우를 깔고 필링을 고루 편 뒤 190℃로 예열한 오븐에서 35~45분 정도 굽는다.

- 레몬주스는 직접 즙을 내어 쓰는 것이 가장 좋지만, 시판 제품을 쓰면 편하다.
- 밑불이 나오는 오븐은 제일 밑단에 파이를 넣고 구워야 바닥이 젖는 것을 막을 수 있다.
- 파이 도우를 생략하고 필링만 구워 슈거파우더를 뿌려도 된다.

Everyday Recipe 33

간단 만두

Simple Dumpling

만두 반죽을 찰흙 놀이하듯 잘도 다루는 아이들. 부엌 바닥이며 식탁 위가 밀가루 범벅이 되어도 재미있어 하는 아이를 보면 엄마는 치우는 게 힘든 줄 모르죠. 아이는 자기가 만든 못난이 만두를 먹으면서 맛있다고 난리네요.

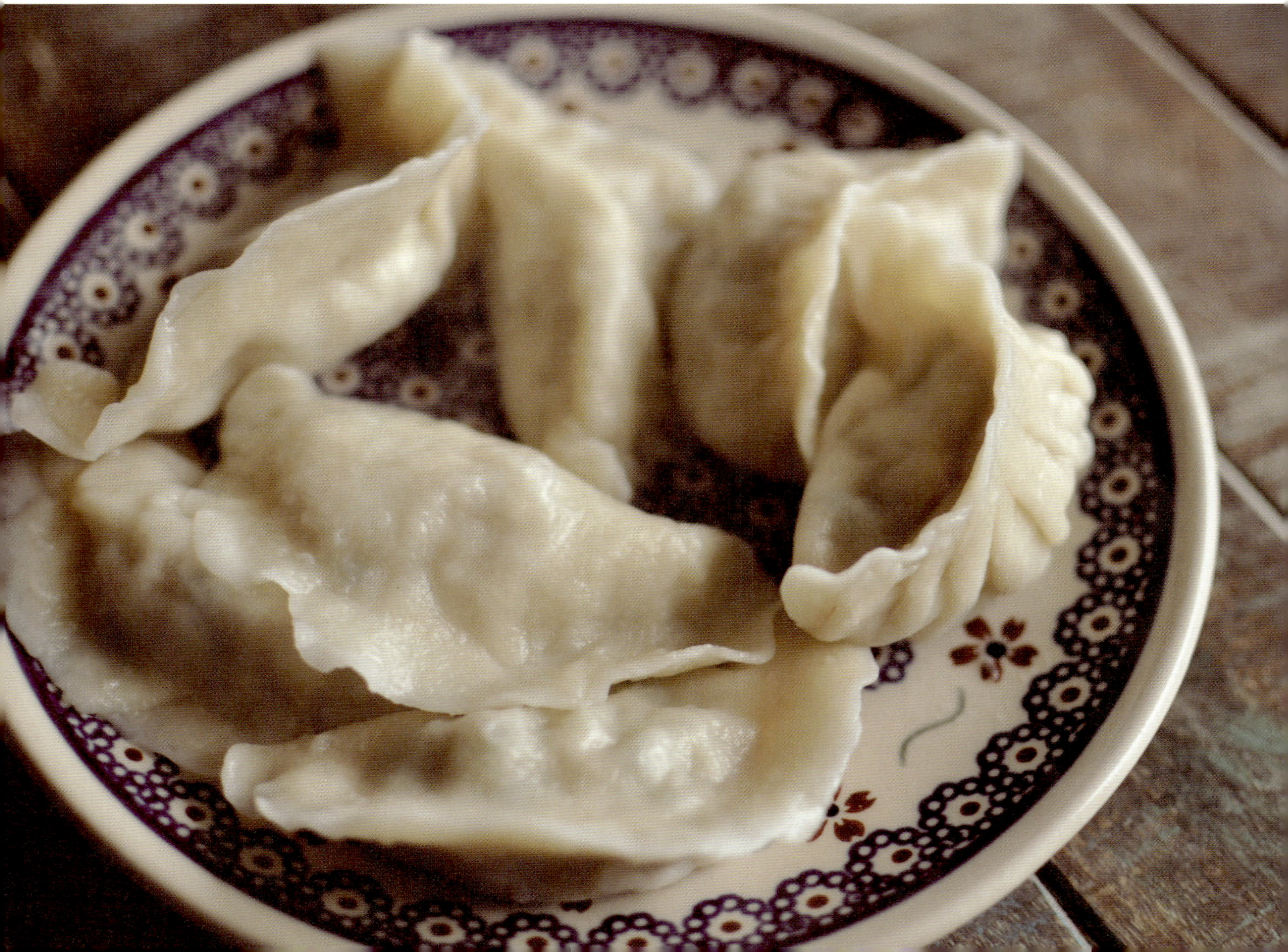

재료 준비

🥄 1컵 = 240㎖

30개 분량

만두피
강력분·박력분 100g씩
물 90㎖
소금 약간

만두소
돼지고기 200g
다진 양배추 400g
다진 부추 1컵
다진 생강 1작은술
참기름 2작은술
소금 1작은술
후춧가루 ¼작은술
덧밀가루 적당량

양념간장
간장 1큰술
식초 1작은술
고추기름 약간

1 볼에 만두피 재료를 모두 넣고 마른 가루가 보이지 않도록 고루 섞은 뒤 랩을 씌우고 냉장실에 넣어 1시간 정도 둔다.
2 다진 양배추에 소금 1작은술을 뿌려 10분 정도 절인다.
3 큰 볼에 ②의 절인 양배추(물기를 빼지 않는다)와 나머지 만두소 재료를 모두 넣고 치대어 부드러운 만두소를 만든다.
4 ①의 반죽을 3등분하여 길게 민 뒤 다시 각각을 10등분하고 동그랗게 성형한다.
5 성형한 반죽에 덧밀가루를 뿌려가며 적당한 크기로 밀어 만두피를 만든 뒤 만두소를 넣고 모양 있게 빚는다.
6 끓는 물에 만두를 넣고 뚜껑을 덮어 삶는다. 만두가 떠오르면 4~5분 정도 더 삶아 건진다.
7 간장, 식초, 고추기름을 섞은 양념간장을 만두와 함께 낸다.

- 다진 김치를 넣어 김치만두를 빚어도 맛있다.
- 굴소스 1작은술을 넣으면 감칠맛이 난다.
- 찜통에 쪄도 좋다.

Everyday Recipe
34

감자 셀러리 볶음
Potato & Celery Stir Fry

오키나와의 셀러리는 가격도 싸고 맛도 있어요. 그런데 아이들은 셀러리 특유의 향과 맛을 별로 좋아하지 않더라고요. 그래서 감자볶음에 셀러리를 넣었더니, 감자의 구수한 맛과 셀러리의 향이 너무 잘 어울립니다. 밥반찬으로도 그만이에요.

재료 준비

감자 2개
셀러리 2대
양파 ½개
올리브유 1큰술
맛술 1큰술
소금 1작은술
후춧가루 약간

1 감자는 껍질을 깎아 채 썬 뒤 물에 담가 녹말을 제거하고 물기를 뺀다.
2 잎 부분을 제거한 셀러리와 양파를 감자와 비슷한 길이로 채 썬다.
3 달군 팬에 올리브유를 두르고 감자를 볶다가 감자가 어느 정도 익으면 셀러리와 양파를 넣고 살짝 볶는다.
4 맛술, 소금, 후춧가루를 넣고 후다닥 볶아 그릇에 담는다.

• 기호에 따라 통깨를 뿌려도 좋다.

Everyday Recipe 35

셀러리잎 볶음
Celery Leaves Stir Fry

셀러리를 사면 줄기만 먹고 잎은 그냥 버리는 경우가 많아요. 이제부터는 버리지 말고 반찬을 만들어보세요. 셀러리의 아삭아삭한 식감과 향긋한 향으로 식욕을 돋우는 특별한 요리입니다.

재료 준비

셀러리잎 1단 분량
다진 마늘 1작은술
간장 1작은술
맛술·청주 1큰술씩
들기름(또는 참기름) 약간
올리브유 1큰술
통깨·소금·후춧가루 약간씩

1 셀러리잎은 끓는 물에 소금을 넣고 살짝 데친다.
2 데친 잎은 먹기 좋은 크기로 자른다.
3 달군 팬에 올리브유를 두르고 셀러리잎과 다진 마늘을 넣어 볶는다.
4 통깨를 제외한 모든 양념을 넣고 볶은 뒤 마지막에 통깨를 뿌린다.

함께 즐기는 기쁜 날
생일 파티 레시피

Birthday Recipe 01

바나나 포스터
Banana Foster

달콤하게 익힌 바나나를 아이스크림에 얹어 먹는 맛이라니, 입에서 살살 녹는다는 말이 저절로 나와요. 10분 만에 완성할 수 있으니 간단하기까지 하지요. 기분이 우울하거나 피곤해서 달짝지근한 게 먹고 싶은 날 딱 좋은 디저트랍니다.

재료 준비

바나나 1개
버터 2큰술
황설탕 2큰술
시나몬가루 ¼작은술
럼 1큰술
(또는 바닐라액 ¼작은술)
레몬즙 1큰술
바닐라 아이스크림 적당량

1 바나나는 먹기 좋은 크기로 썬다.
2 팬에 버터, 황설탕, 시나몬가루를 넣고 중간 불로 끓여 캐러멜 소스를 만든다.
3 럼과 레몬즙을 넣고 섞는다.
4 ①의 바나나를 넣고 무르지 않도록 후다닥 섞는다.
5 완성 접시에 바닐라 아이스크림을 담고 ④를 올린다.

- 바나나는 무르지 않고 단단한 것을 사용한다.
- 럼이나 바닐라액 대신 오렌지주스나 사과주스를 사용해도 된다.
- 캐러멜 소스에 바나나를 넣으면 바나나가 쉽게 무르므로 재빨리 요리해야 한다.

당근 스콘
Carrot Scone

스콘은 만들기도 쉽고 들어가는 재료에 따라 각기 다른 맛의 매력을 보여주는 요리예요. 당근을 넣은 스콘은 색깔이 예쁘고 건강한 기분까지 들어 즐겁게 먹을 수 있지요. 어른들은 홍차나 커피와 함께, 아이들은 싱싱한 당근주스와 함께 먹으면 좋아요.

재료 준비

당근 작은 것 1개(100g)
박력분 2컵
버터 3큰술
사워크림 ⅓컵
달걀노른자 1개
설탕 1큰술
건포도 ⅓컵
베이킹파우더 2작은술
소금 약간
우유 적당량
바닐라액 2작은술
장식용 달걀물 적당량

1 당근은 작게 조각낸 뒤 푸드 프로세서나 강판에 곱게 간다.
2 작은 볼에 당근 간 것, 사워크림, 바닐라액, 달걀노른자를 넣고 고루 섞어 반죽을 만든다.
3 푸드 프로세서에 박력분, 베이킹파우더, 설탕, 소금, 버터를 넣고 살짝 간다.
4 ②를 ③에 넣고 섞는다. 우유를 조금씩 넣으며 반죽의 질기를 조절한다.
5 볼에 옮겨 담고 건포도를 섞는다.
6 원하는 모양으로 자른 뒤 오븐팬 위에 팬닝하고 달걀물을 바른다.
7 200℃로 예열한 오븐에서 15~18분 정도 굽는다.

- 건포도 대신 다른 건과일이나 견과류를 넣어도 된다.
- 달걀물 대신 녹인 버터를 발라도 된다. 만약 더 진한 색을 원하면 달걀물을 만들 때 물 대신 우유를 섞는다.
- 반죽을 너무 많이 치대지 않아야 부드러운 스콘을 만들 수 있다.

홈메이드 프로즌 요구르트
Homemade Frozen Yogurt

냉동 과일과 그릭 요구르트만 있으면 완성되는 디저트입니다. 밖에서 사 먹는 단맛 가득한 요구르트 말고, 가족의 건강을 생각하는 마음으로 직접 프로즌 요구르트를 만들어 보세요. 절대 어렵지 않아요. 게다가 맛도 뿌듯해요.

재료 준비

냉동 과일 300g
바닐라 맛 그릭 요구르트 300g
꿀(또는 메이플 시럽, 아가베 시럽)
1~2큰술

1 푸드 프로세서나 믹서에 모든 재료를 넣고 30초 정도 돌린다.

- 냉동 과일은 좋아하는 것을 사용한다.
- 저지방 그릭 요구르트를 사용하면 건강에 더 좋다.

1-1

1-2

애플 크리스프
Apple Crisp

따뜻한 애플 크리스프를 차가운 아이스크림에 올려서 먹으면 입안에서 사르르 녹는답니다. 오트밀로 만든 토핑은 씹는 맛을 더해주지요. 갑자기 손님이 왔을 때나 문득 달달한 요리가 먹고 싶을 때 간단하게 만들 수 있는 디저트입니다.

재료 준비

🥄 1컵 = 240㎖

사과 필링
사과(큰 것) 4개
레몬주스 ½개분
황설탕 ⅓컵
중력분 1큰술
시나몬가루 ½큰술
바닐라액 1작은술
버터 1큰술

토핑
다진 피칸(또는 다진 호두) ⅓컵
오트밀 ⅓컵
황설탕 ⅓컵
중력분 ¼컵
시나몬가루 ¼작은술
버터(찬 상태) 4큰술

1 사과는 껍질을 깎고 깍둑썰기한다.
2 사과에 버터를 제외한 필링 재료를 모두 넣고 섞는다.
3 달군 팬에 버터를 녹이고 사과 필링을 넣어 살짝 볶은 뒤 오븐팬에 담는다.
4 작은 볼에 토핑 재료를 모두 담고 포크로 누르면서 섞은 뒤 준비한 사과 필링 위에 올린다.
5 200℃로 예열한 오븐에서 20~30분 정도 굽는다.
6 따뜻할 때 아이스크림과 함께 낸다.

• 필링에 크랜베리나 건포도 같은 건과일을 넣어도 좋다.

LA김밥
LA Gimbap

외국에 사는 한국 사람들은 한국 음식이 먹고 싶을 때 포틀럭 파티를 열어요. 귀한 한국 재료로 만든 요리를 좋아하는 사람들과 함께 나눠 먹을 때면 참 행복하지요. LA김밥은 그때 무척 인기 있었던 요리입니다. 김밥 재료를 한 가지씩 준비해서 각자 자기가 좋아하는 재료를 넣어 만들어 먹는 셀프 김밥이에요.

재료 준비
김밥 김(또는 조미김)
밥
간장
간 고추냉이

김밥 소
달걀지단
오이
단무지
맛살
햄
아보카도
무순
파프리카
연어(또는 다른 생선회)

1 김밥 소 재료는 먹기 좋은 크기로 채 썬다.
2 김은 4등분한다.
3 완성 접시에 김, 밥, 김밥 소를 예쁘게 담아 간 고추냉이, 간장과 함께 낸다.

- 김밥김도 좋지만 조미김도 잘 어울린다.
- 참치 통조림의 물기를 빼고 마요네즈와 함께 버무려서 소로 넣어도 좋다.
- 냉장고에 있는 모든 생채소를 응용할 수 있다.

Birthday Recipe
06

콘도그
Corn Dog

시판 핫케이크 가루로 만드는 간식입니다. 방법은 간단하지만 맛과 모양은 여느 요리 못지않게 근사해서 아이들이 무척 좋아하지요. 어렸을 때 길에서 사 먹었던 핫도그를 상상하며 집에서 만들어보세요.

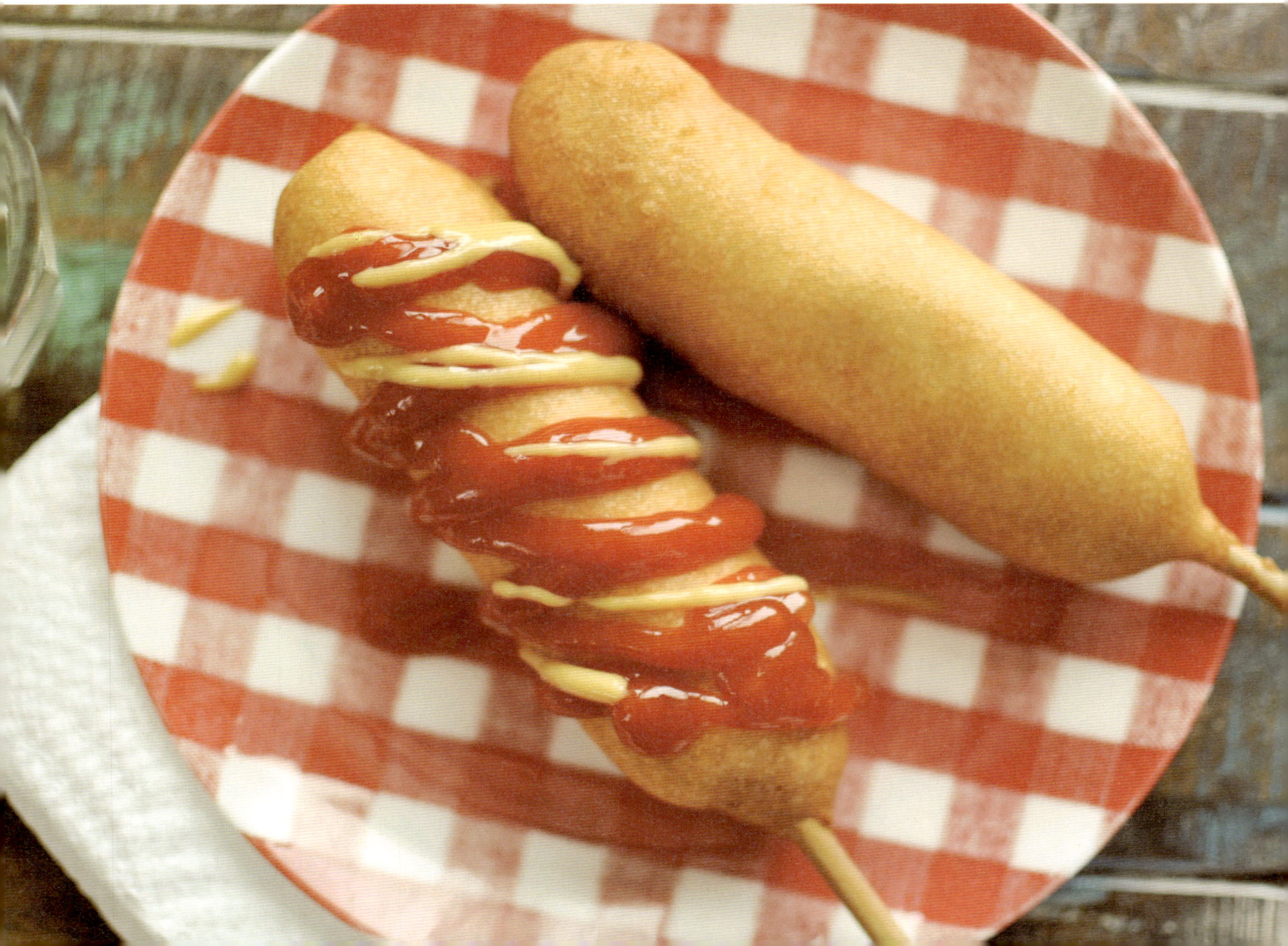

재료 준비

🥄 1컵 = 240㎖

와플 믹스
(또는 핫케이크 믹스,
팬케이크 믹스) 1~1¼컵
옐로 콘밀 ¼컵
물(또는 우유) 1컵
소시지 10~12개
밀가루 적당량
나무 꼬챙이 10~12개

1 와플 믹스 1컵과 옐로 콘밀, 물을 섞어서 된 반죽을 만든다. 반죽이 질면 남은 와플 믹스를 조금씩 추가한다.
2 나무 꼬챙이에 끼운 소시지에 밀가루옷을 입힌다.
3 ②에 ①의 반죽을 묻히고 기름에 노릇하게 튀긴다.

- 달콤한 맛을 원하면 반죽에 설탕을 약간 넣는다.
- 소시지에 밀가루 대신 와플 믹스로 옷을 입혀도 된다.
- 소시지가 짤 수 있으니 물에 한 번 데쳐서 사용하면 좋다.

홈메이드 햄버거
Homemade Hamburger

우리 집만의 특별한 소스를 넣은 햄버거입니다. 아이들이 빅맥 소스라고 부르는 특별한 소스가 햄버거의 맛을 한층 좋게 합니다. 햄버거 패티도 다른 재료를 섞지 않고 소고기로만 만들었어요. 제대로 된 햄버거 한번 맛보실래요?

재료 준비

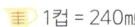 1컵 = 240㎖

소고기 400g
햄버거빵 4개
아메리칸 치즈 슬라이스 4장
양상추·토마토 슬라이스·양파 슬라이스 적당량씩
버터 적당량
식용유 적당량
소금·후춧가루 약간씩

소스
마요네즈 ½컵
토마토케첩 2큰술
다진 스위트 피클·다진 양파 1큰술씩
식초 ½작은술
설탕 ½작은술
소금·후춧가루 약간씩

1 소스 재료를 모두 섞어 냉장실에 넣는다.
2 소고기는 100g씩 나누어 소금, 후춧가루로 간한 뒤 얇은 패티를 만든다.
3 달군 팬에 식용유를 두르고 패티를 노릇하게 구운 뒤 아메리칸 치즈 슬라이스를 얹어 살짝 녹게 둔다.
4 햄버거빵 안쪽에 버터를 발라 프라이팬이나 오븐에 굽는다.
5 햄버거빵 안쪽에 소고기 패티와 치즈, 양상추, 토마토, 양파를 순서대로 얹고 소스를 곁들여 낸다.

Birthday Recipe
08

바비큐 치킨 피자
Barbecue Chicken Pizza

토마토소스 피자가 싫증난다면 한번 만들어보세요. 달콤새콤한 바비큐 소스와 닭가슴살이 매우 잘 어울리는 건강한 피자랍니다. 여기에 렌치 드레싱을 곁들이면 의외의 조화로운 맛이 먹는 기분마저 즐겁게 할 거예요.

재료 준비
1컵 = 240㎖

피자 도우
중력분 3¼컵
물 1½컵
올리브유 2큰술
소금 2작은술
인스턴트 드라이 이스트 ¼작은술

토핑
익힌 닭가슴살 1~2컵
고다 치즈(또는 모차렐라 치즈) 1~2컵
적양파 슬라이스 적당량
올리브유 약간
시판 바비큐 소스 적당량
대파 약간

1 피자 도우 재료를 큰 볼에 모두 넣고 훌훌 섞어 반죽을 만든 뒤 랩을 씌워 실온에 8~12시간 정도 둔다.
2 피자 도우 반죽은 공기를 살짝 빼고 4등분한 뒤 원하는 크기로 민다.
3 올리브유를 피자 도우에 고루 바른다.
4 고다 치즈, 닭가슴살, 적양파를 올리고 바비큐 소스를 군데군데 올린다.
5 225℃로 예열한 오븐에서 10~15분 정도 노릇하게 굽는다.
6 대파를 어슷하게 썰어 피자 위에 장식한다.

- 피자 도우 반죽은 손에 들러붙는 정도의 질기가 적당한데, 이를 위해 물을 나누어 넣으며 반죽의 질기를 조절한다.
- 닭가슴살은 구운 것을 사용하면 더욱 맛있다.
- 렌치 드레싱을 곁들인다.

Birthday Recipe
09

라이스 크리스피 스시 롤

Rice Crispy Sushi Rolls

베트남쌈이 집들이 메뉴에 꼭 오르는 요리라면, 라이스 크리스피 스시 롤은 아이들 생일 파티에 어울리는 요리입니다. 기본적인 라이스 크리스피를 김밥처럼 프루트 롤업에 말아주는 것인데요, 색이 예쁘고 모양도 귀여워 인기 만점입니다.

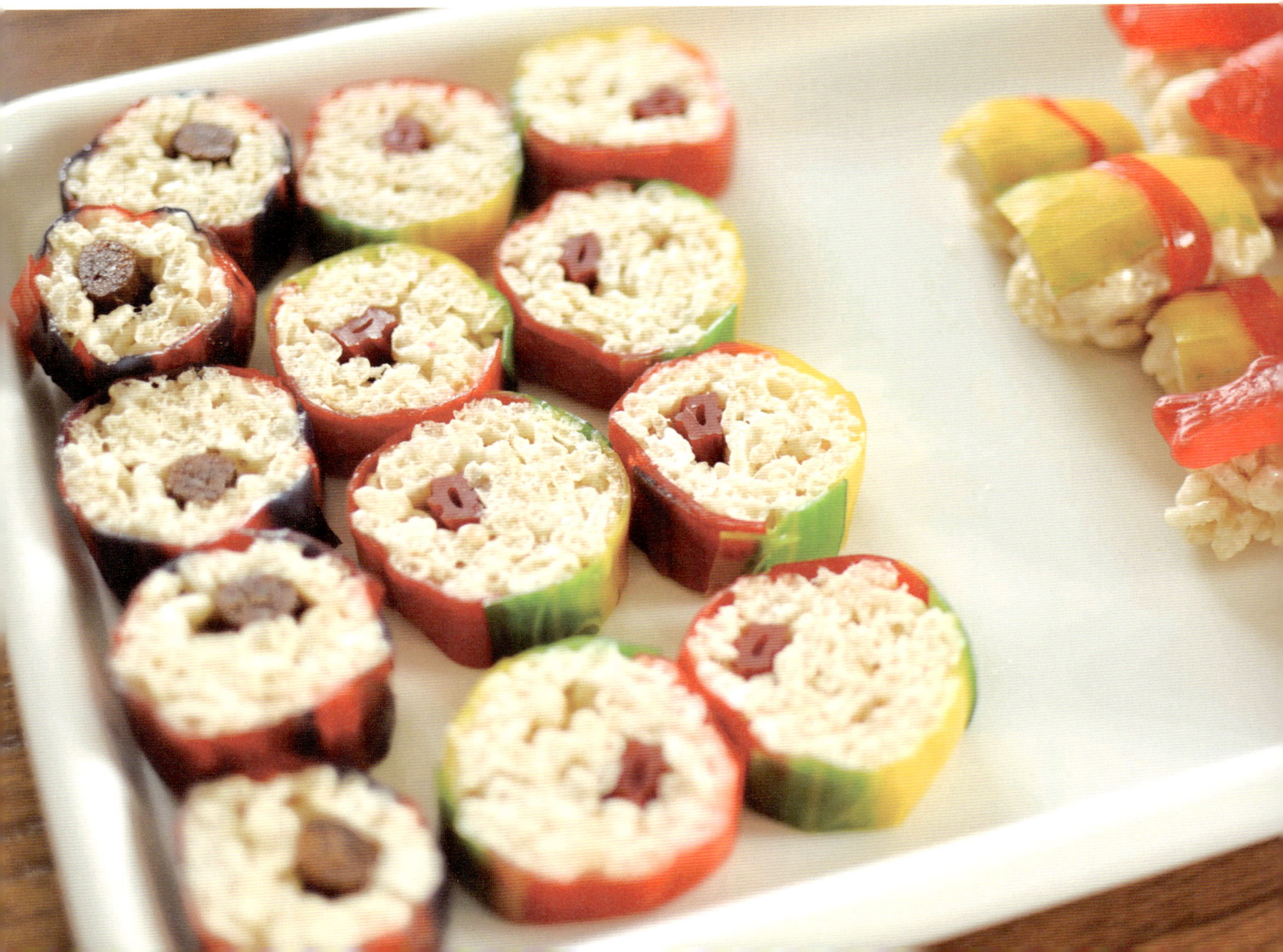

재료 준비

🍵 1컵 = 240㎖

라이스 크리스피 시리얼 6컵
마시멜로 4컵(280g)
버터 3큰술
모양 젤리 적당량
프루트 롤업 1박스

1 달군 팬에 버터를 녹인다.
2 마시멜로를 넣고 녹인다.
3 볼에 라이스 크리스피 시리얼을 담고 녹인 버터와 마시멜로를 넣어 섞는다.
4 프루트 롤업을 편 뒤 ③의 라이스 크리스피 믹스를 적당량 올리고 좋아하는 젤리를 넣어 돌돌 말아 썬다.
5 ③의 라이스 크리스피 믹스를 조금 뭉친 뒤 생선 모양 젤리를 올리고 가늘게 자른 프루트 롤업으로 돌돌 만다.

- 프루트 롤업은 돌돌 말아져 있는 얇은 과일맛 젤리로, 미국에서 많이 먹는 시판 스낵이다.
- 라이스 크리스피 믹스에 건과일, 견과류, 초코칩을 넣어도 좋다.
- 라이스 크리스피 시리얼 대신 초코 시리얼을 넣어도 맛있다.
- 녹인 초콜릿을 뿌려주어도 좋다.

바비큐 소스 그릴드 치킨
Barbecue Sauce Grilled Chicken

새콤달콤한 바비큐 소스가 그릴드 치킨을 특별한 맛으로 만들어줍니다. 바비큐 소스에 들어가는 복숭아는 생과일이나 냉동, 통조림 중 어느 것을 사용해도 됩니다. 물론 복숭아잼도 가능한데요, 소스 맛이 더욱 달콤해지지요. 치킨너겟 소스로도 훌륭해요.

재료 준비

🥣 1컵 = 240㎖

닭가슴살 적당량
올리브유 1큰술

바비큐 소스
다진 복숭아(냉동 또는 통조림) 1컵
닭고기 육수(치킨 브로스) 적당량
토마토케첩 ½컵
다진 양파 ½개 분량
다진 마늘 1큰술
꿀 1~2큰술
레몬즙(또는 식초) 2큰술
간장 1작은술
올리브유 1큰술
드라이 머스터드 ½작은술
(생략 가능)
소금·후춧가루 약간씩

1 달군 팬에 올리브유 1큰술을 두르고 바비큐 소스 재료 중 다진 양파와 다진 마늘을 넣어 볶는다.
2 양파가 투명해지면 나머지 소스 재료를 넣고 중간 불로 볶으면서 졸인다.
3 소스의 질기는 닭 육수로 조절하는데, 부드러운 소스를 원하면 믹서에 넣고 간다.
4 닭가슴살에 소스 적당량을 넣고 버무려 4시간 정도 재운다.
5 그릴 팬에 올리브유 1큰술을 두르고 ④의 닭가슴살을 굽는다. 이때 소스 적당량을 위에 발라가며 굽는다.

• 소스는 남겨두었다가 완성된 바비큐 소스 그릴드 치킨과 함께 낸다.

단호박 LA찰떡
Pumpkin Sweet Rice Cake

해외에 사는 사람들은 떡이 매우 그립습니다. 한국 찹쌀가루를 구하기가 어려워 직접 만들어 먹지도 못해요. 그럴 때 모치코라는 말린 찹쌀가루를 사용해 오븐에 굽는 요리가 바로 이 찰떡입니다. 떡 반죽에 추가할 만한 재료로는 색이 고운 단호박도 좋고 건강식품인 건과일이나 견과류, 삶은 콩도 좋아요. 떡이 먹고 싶을 때 찌는 대신 구워 먹는 오븐 떡입니다.

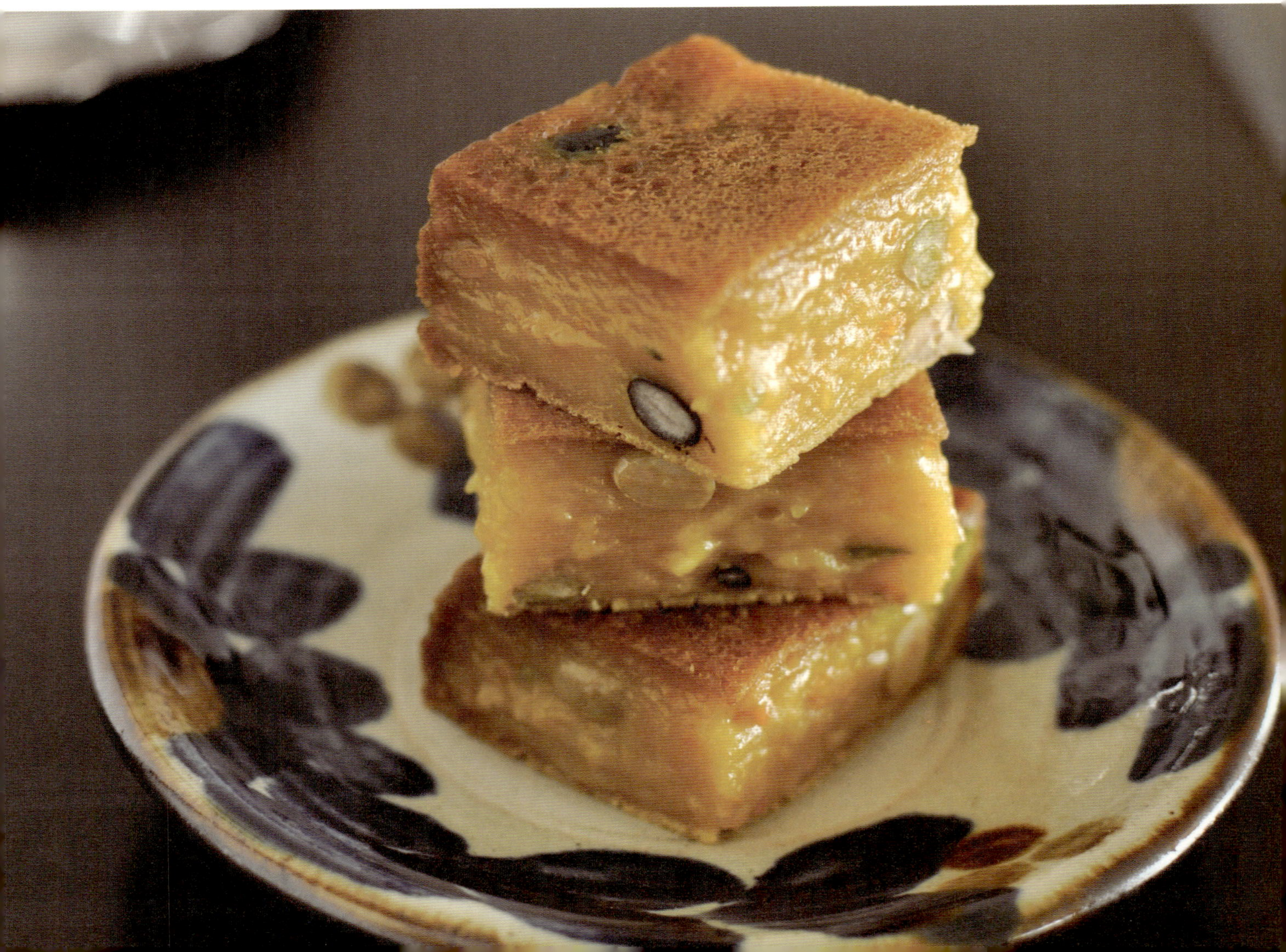

재료 준비

🥄 1컵 = 240㎖

모치코(말린 찹쌀가루) 1박스
(454g)
삶아 으깬 단호박 2컵
삶은 콩 1컵
우유 2½~3컵
설탕 1컵
베이킹파우더·베이킹소다·소금
1작은술씩
식용유(또는 버터) 약간

1. 단호박은 껍질과 씨를 제거하고 작게 썰어 랩을 씌운 뒤 전자레인지에 4~5분 정도 돌린 다음 으깨서 준비한다.
2. 볼에 가루류와 으깬 단호박을 넣고 손으로 비벼 잘 섞는다.
3. 삶은 콩을 넣고 섞는다.
4. 우유를 조금씩 부으며 섞어 떡 반죽을 만든다.
5. 9×13인치 크기의 팬에 식용유를 바르거나 유산지를 깔고 떡 반죽을 붓는다.
6. 190℃로 예열한 오븐에서 1시간~1시간 30분 정도 굽는다.

- 건과일이나 견과류를 넣어도 맛있다.
- 떡 반죽의 질기를 보아가며 우유를 2½컵부터 조금씩 나눠 넣는다.
- 9×13인치 팬 대신 9×8인치 팬 2개를 사용하면 굽는 시간이 40분 정도로 줄어든다. 미니 파이 팬을 사용해 1인분 크기로 구워도 된다.
- 팥을 군데군데 넣거나 코코넛채를 올려 구워도 좋다.

Birthday Recipe 12

프레첼
Pretzel

쫀득한 프레첼은 언제 먹어도 맛있는 간식이에요. 반죽을 여러 가지 토핑으로 변형시켜 구워, 골라 먹는 재미도 있지요. 어른들은 달콤한 시나몬슈거를 토핑한 것을, 아이들은 페퍼로니와 치즈를 토핑한 것을 더 좋아한답니다.

재료 준비

🥣 1컵 = 240㎖

12개 분량

녹인 버터 약간
오일 스프레이 적당량

반죽
강력분 3컵
따뜻한 우유 1컵
따뜻한 물 ¼~½컵
설탕 2큰술
인스턴트 드라이 이스트 2¼작은술
소금 1작은술
쇼트닝(버터 또는 오일) 1큰술

베이킹소다물
따뜻한 물 2컵
베이킹소다 4큰술

토핑
곡물 믹스·깨·페퍼로니·치즈
적당량씩
시나몬슈거
(설탕 ½컵+시나몬가루 1큰술)

1 제빵기에 모든 반죽 재료를 넣고 돌려 1차 발효시킨다. 반죽을 꺼내어 공기를 살짝 빼고 피자 커터로 12등분한다.
2 각각의 반죽을 30~60㎝ 길이가 되도록 손바닥으로 밀면서 늘린 뒤 프레첼 고유의 모양으로 성형한다.
3 납작한 그릇에 베이킹소다물을 담고 성형한 반죽을 담갔다가 빼서 마른 수건에 올려 아랫부분의 물기를 제거한다.
4 팬에 오일 스프레이를 뿌리거나 유산지를 깔고 반죽을 팬닝한다.
5 토핑을 원하는 만큼 올린다.
6 200℃로 예열한 오븐에서 10~15분 정도 노릇하게 굽는다.
7 오븐에서 꺼내 따뜻한 프레첼에 베이킹용 붓으로 녹인 버터를 바른다.

- 손으로 반죽할 경우 큰 볼에 모든 재료를 넣고 부드러워지도록 치댄 뒤 랩을 씌워 반죽의 2.5배가 될 때까지 발효시킨다.
- 반죽의 질기를 보아가며 따뜻한 물을 ¼컵부터 조절해 넣는다.
- 2차 발효는 하지 않는다.
- 시나몬슈거 프레첼의 경우 따뜻할 때 녹인 버터를 바르고 시나몬슈거를 묻힌다.

Birthday Recipe

초코칩 쿠키
Choco Chip Cookies

Birthday Recipe 13

딸아이 엠마가 학교에 자주 가져가 친구들과 맛있게 나눠 먹는 쿠키랍니다. 견과류나 건과일을 함께 넣고 구우면 더욱 달달하고 쫀득한 초코칩 쿠키가 완성되지요. 먹는 사람의 마음까지 행복해지는 초코칩 쿠키를 만들어보세요.

재료 준비

🥄 1컵 = 240㎖

녹인 버터 ¾컵
황설탕 1컵
흰설탕 ½컵
중력분 2컵
달걀 흰자 1개분
달걀 노른자 2개분
초코칩 2컵
베이킹소다, 소금 ½작은술씩
바닐라액 2작은술

1 볼에 녹인 버터, 황설탕, 흰설탕을 넣고 설탕이 잘 녹도록 섞는다.
2 ①에 달걀흰자, 노른자, 바닐라액을 넣고 고루 섞는다.
3 중력분, 베이킹소다, 소금을 체에 한 번 쳐서 ②의 반죽에 넣고 살살 섞는다.
4 초코칩을 넣고 섞는다.
5 쿠키 스쿱으로 반죽을 떠서 오븐팬에 간격을 주고 팬닝한다.
6 170℃로 예열한 오븐에서 13~15분 정도 굽는다.

- 입맛에 맞는 견과류나 건과일을 넣어도 좋다.
- 아이스크림 스쿱이나 쿠키 스쿱을 사용하면 일정한 크기로 구울 수 있다.
- 반죽 크기에 따라 굽는 시간을 조절한다.
- 원하는 크기로 둥글려서 얼려두고 그때그때 구워 먹어도 된다.

Birthday Recipe
14

브라우니 쿠키
Brownie Cookies

초콜릿 들어간 건 무엇이든 좋아하는 우리 집 아이들이 특별히 엄지를 치켜드는 쿠키예요. 쫀득한 브라우니 한 조각을 먹은 듯한 쿠키. 여기에 따뜻한 우유 한 잔을 곁들이면 그 맛이 더욱 환상적입니다.

재료 준비

🥄 1컵 = 240㎖

초코칩·땅콩버터칩 ¾컵씩
견과류 ½컵(생략 가능)
달걀 2개
설탕 ½컵
중력분 ⅓컵
코코아가루 ¼컵
베이킹파우더 1작은술
소금 ¼작은술
버터 ½컵
바닐라액 1½작은술

1 작은 팬에 버터와 초코칩을 녹인 뒤 약간 식힌다.
2 볼에 달걀과 설탕을 넣고 충분히 볼륨이 생기도록 휘핑한다.
3 ②에 ①과 바닐라액을 넣어 섞는다.
4 중력분, 코코아가루, 베이킹파우더, 소금을 체 쳐서 넣고 살살 섞는다.
5 땅콩버터칩과 견과류를 넣고 섞어 반죽을 만든다.
6 반죽을 냉장실에 넣어 30분 정도 둔다.
7 반죽을 1큰술씩 떠서 오븐 팬에 팬닝한 뒤 170℃로 예열한 오븐에서 12~14분 정도 굽는다.
8 팬에서 충분히 식힌 뒤 식힘망으로 옮긴다.

• 땅콩버터칩 대신 캐러멜칩이나 시나몬칩을 사용해도 된다.

Birthday Recipe 15

레인보 컵케이크
Rainbow Cupcakes

아이들은 이 알록달록한 레인보 컵케이크에서 동화 속 디저트를 상상하는 모양이에요. 아이들을 위해 만드는 건데, 엄마의 마음마저도 동심의 세계로 달려갑니다. 입에서 살살 녹는 바닐라 프로스팅, 아기자기한 색깔과 모양에 한껏 빠져보세요.

재료 준비

🥄 1컵 = 240㎖

케이크 믹스
(p.26 기본 레시피 참조)
여러 가지 식용 색소 적당량
장식용 스프링클 적당량

바닐라 프로스팅
우유 ⅔컵
중력분 2큰술
소금 ¼작은술
흰설탕 ⅔컵
버터 ⅔컵(130g)
바닐라액 ½~1작은술

1 케이크 믹스로 반죽을 만든 뒤 원하는 색깔 수만큼 분할해 작은 볼에 담고 각각 색소를 섞는다.
2 컵케이크 팬에 라이너를 놓은 뒤 색색의 반죽을 떠서 라이너의 ¾정도를 채운다.
3 180℃로 예열한 오븐에서 18~20분 정도 구운 뒤 식혀 컵케이크를 완성한다.
4 짤주머니에 바닐라 프로스팅을 넣어 컵케이크 위에 예쁘게 장식하고 스프링클을 뿌린다.

- 오븐마다 익는 온도가 다르기 때문에 구워지는 것을 보면서 시간을 조절한다.
- 굽는 동안 반죽이 흘러넘칠 수 있으니 반죽은 라이너의 ¾만 채운다.

바닐라 프로스팅 만들기

1 작은 팬에 우유, 중력분, 소금을 넣고 걸쭉하게 풀을 쑨 뒤 완전히 식힌다.
2 반죽기 볼에 실온 상태의 버터를 넣어 휘핑한 뒤 흰설탕과 바닐라액을 넣고 볼륨이 생기도록 휘핑한다.
3 ②에 ①의 풀을 넣고 한 번 휘핑한 뒤 중간 단으로 맞춘 반죽기로 4분 정도 더 휘핑한다.

- 바닐라 프로스팅의 풀을 식히는 동안 랩을 살짝 씌워두면 윗면이 마르는 것을 방지할 수 있다.
- 바닐라 프로스팅을 만들 때 설탕은 반드시 흰설탕을 쓴다.
- 바닐라 프로스팅을 만들 때 바닐라액 대신 바닐라 페이스트를 써도 된다. 단, 양은 줄여서 사용한다.

레몬 리코타 & 딸기 발사믹 브루스케타
Lemon Ricotta & Strawberry Balsamic Bruschetta

브루스케타는 살짝 구운 얇은 이탤리언 브레드(치아바타)나 바게트 위에 여러 가지 토핑을 올려 먹는 애피타이저입니다. 파티나 집들이에 빠지지 않는 메뉴이기도 하고요. 아주 간단하지만 맛있는 두 가지 브루스케타를 소개합니다.

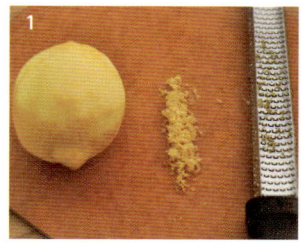   

재료 준비
1컵 = 240㎖

레몬 리코타 브루스케타
바게트 8조각
레몬 1개
리코타 치즈 1컵
생바질 적당량
꿀 적당량

딸기 발사믹 브루스케타
바게트 8조각
딸기 슬라이스 적당량
리코타 치즈(또는 마스카르포네 치즈, 크림치즈) 1컵
발사믹 식초 2큰술
설탕 1큰술
생바질 적당량

레몬 리코타 브루스케타

1 깨끗이 씻은 레몬의 껍질 부분을 갈아 레몬필로 준비한다.
2 바게트는 200℃로 예열한 오븐에서 5~8분 정도 노릇하게 굽는다.
3 구운 바게트 위에 리코타 치즈를 펴서 바른다.
4 리코타 치즈 위에 레몬필과 생바질을 올리고 꿀을 뿌린다.

딸기 발사믹 브루스케타

1 냄비에 발사믹 식초와 설탕을 넣고 원래 양의 ½이 될 때까지 졸여 발사믹 소스를 만든다.
2 바게트는 200℃로 예열한 오븐에서 5~8분 정도 노릇하게 굽는다.
3 구운 바게트 위에 리코타 치즈를 펴서 바른다.
4 리코타 치즈 위에 딸기와 생바질을 올린다.
5 ①의 발사믹 소스를 뿌리거나 곁들여 낸다.

• 구운 견과류를 올려도 맛있다.

Housewarming Recipe 02

홈메이드 렌치 딥(드레싱)
Homemade Rench Dip(Dressing)

미국에서는 파티나 손님을 초대할 때 렌치 딥을 꼭 냅니다. 만들기 간단하면서도 건강한 메뉴이기 때문인데요, 싱싱하고 몸에 좋은 채소를 홈메이드 딥과 함께 내면 채소 먹기에 인색한 아이들도 거리낌 없이 먹는답니다.

재료 준비

1컵 = 240㎖

여러 가지 채소 적당량

렌치딥
마요네즈 1컵
사워크림 ½컵
버터밀크 적당량
다진 실파·다진 이탤리언 파슬리
1큰술씩
다진 딜 1작은술
마늘가루·양파가루 1작은술씩
레몬주스 1작은술
소금 ½~1작은술
후춧가루 ¼작은술

1 작은 볼에 버터밀크와 소금을 제외한 모든 재료를 넣고 섞는다.
2 버터밀크로 질기를 조절하고 소금으로 간한다.
3 여러 가지 채소를 스틱 모양으로 썰어서 딥과 함께 낸다.

- 신선한 허브 대신 말린 허브를 사용할 경우, 1큰술을 1작은술로 줄인다.
- 오이, 당근, 셀러리, 파프리카, 콜리플라워 등 좋아하는 건강 채소를 모두 사용한다.
- 브로콜리, 깍지콩, 아스파라거스 등은 살짝 데쳐서 낸다.
- 버터밀크 만드는 법 : 우유 1컵에 레몬즙이나 식초 1큰술을 섞어서 걸쭉해지면 완성된 것이다.

에그 스트라타
Egg Strata

여러 명이 함께 즐기기 좋은 에그 스트라타입니다. 구매한 지 하루 이틀이 지나서 단단하게 굳은 빵이 있다면 만들어보세요. 저녁에 만들어서 아침에 구워 먹어도 좋아요. 맛도 있지만 채소가 가득 들어가 몸에도 좋은 건강 메뉴입니다.

재료 준비

🥄 1컵 = 240㎖

깍둑썰기한 바게트(또는 이탤리언 브레드) 2컵
다진 토마토·작게 자른 브로콜리 1컵씩
체더치즈 ½컵
리코타 치즈 ½~1컵
달걀 4개
우유 1½컵
올리브유(또는 버터) 적당량
다진 실파(또는 파슬리나 기타 허브) 약간
소금·후춧가루 약간씩

1 빵은 먹기 좋은 크기로 깍둑썰기한다.
2 오븐 용기에 올리브유를 바르고 빵을 깐 뒤 체더치즈를 올리고 토마토와 브로콜리를 올린다.
3 달걀, 우유, 소금, 후춧가루를 섞어서 ② 위에 붓는다.
4 리코타 치즈를 군데군데 올리고 다진 실파를 올린다.
5 빵에 ③의 달걀물이 스며들도록 랩을 씌우고 냉장실에 넣어 1시간~하룻밤 정도 둔다.
6 180℃로 예열한 오븐에서 35~45분 정도 굽는다. 윗면이 탈 수 있으니 은박지를 살짝 덮는다.

• 일반 식빵은 물컹거릴 수 있으니 단단한 사워도우 빵이나 바게트, 이탤리언 브레드 종류를 사용한다.

피시 & 칩스
Fish & Chips

영국에서 식사와 술안주로 빠지지 않는 메뉴입니다. 일반 튀김과 비슷하지만 튀김 반죽에 물 대신 맥주를 사용해서 더욱 바삭한 것이 특징입니다. 맥주 대신 탄산수를 사용해도 됩니다. 생선살 대신 오징어나 채소를 넣어 튀겨도 바삭한 식감이 아주 좋답니다.

재료 준비
튀김가루 100g
맥주 160g
생선살·새우·오징어 적당량씩
식용유 적당량
밀가루(또는 튀김가루) 적당량

1 튀김가루와 맥주를 섞어 튀김옷을 만든다. 생선살 등의 해산물 재료들을 적당한 크기로 준비한다.
2 생선살, 새우, 오징어를 밀가루나 튀김가루에 살짝 굴린 뒤 튀김옷을 입힌다.
3 180℃로 예열한 식용유에 노릇하게 튀긴다.

- 슬라이스한 감자를 살짝 데쳐서 물기를 제거한 뒤 함께 튀기면 사이드 메뉴로 좋다.
- 슬라이스한 레몬을 곁들이면 더욱 상큼하고 맛있다.
- 타르타르소스나 스위트 칠리소스와 잘 어울린다.

Housewarming Recipe 05

치킨 엔칠라다
Chicken Enchilada

엔칠라다는 토르티야에 재료를 넣고 만 뒤 소스를 얹어 오븐에 구워 먹는 대표적인 멕시칸 음식입니다. 미리 만들어두었다가 오븐에 굽기만 하면 되니, 집들이처럼 바쁠 때 아주 좋은 메뉴이기도 하지요. 속 재료는 좋아하는 것으로 채우세요.

재료 준비

1컵 = 240㎖

토르티야(8인치 크기) 8장
닭가슴살(익혀서 다지거나 찢은 것) 2~2½컵
토마토소스 1컵+1컵
살사소스 ¾컵+¾컵
체더치즈 간 것 ½컵+½컵
사워크림 ½컵
다진 고수잎 2큰술+1큰술
다진 실파 2큰술+1큰술
쿠르쿠민가루 1작은술
오레가노가루 1작은술(생략 가능)
소금 ½작은술
후춧가루 ¼작은술
핫소스 1작은술

1 큰 볼에 토마토소스 1컵, 살사소스 ¾컵, 체더치즈 간 것 ½컵, 사워크림, 다진 고수잎 2큰술, 다진 실파 2큰술, 쿠르쿠민가루, 오레가노가루, 소금, 후춧가루를 넣고 섞은 뒤 익힌 닭가슴살을 넣고 버무린다.
2 ①을 나눠 토르티야에 올린 뒤 말아서 베이킹 용기에 팬닝한다.
3 남은 토마토소스 1컵, 살사소스 ¾컵, 핫소스를 섞어서 토르티야 위에 붓고 은박지로 덮는다.
4 190℃로 예열한 오븐에서 30분 정도 굽는다.
5 은박지를 벗기고 남은 치즈를 위에 올린 뒤 10분 정도 더 굽는다.
6 남은 고수잎과 실파를 토핑으로 올리고 사워크림을 곁들여 낸다.

데리야키 소스 연어구이 & 칠리 마요네즈 소스
Teriyaki Salmon & Chili Mayo

데리야키 소스와 연어는 참 잘 어울리는 재료입니다. 여기에 매콤한 칠리소스를 넣은 마요네즈를 곁들여보세요. 달콤하고 매콤한 맛에 부드러운 마요네즈까지, 입이 행복해집니다. 데친 브로콜리와 같이 내면 건강한 한 끼로 손색이 없어요.

재료 준비

연어 450g
올리브유 적당량

데리야키 소스

간장·맛술·청주 1큰술씩
꿀 1큰술
다진 마늘 1작은술
참기름 약간

칠리 마요네즈 소스

마요네즈 1큰술
칠리소스(스리라차 소스)
1~2작은술

1 연어는 4등분한다.
2 데리야키 소스 재료를 모두 섞어 연어에 붓고 4시간 정도 재운다.
3 마요네즈에 칠리소스를 원하는 만큼 넣어서 칠리 마요네즈 소스를 만든다.
4 올리브유를 두른 팬에 연어를 노릇하게 구운 뒤 칠리 마요네즈 소스를 곁들여 낸다.

• 브로콜리나 아스파라거스를 살짝 데쳐서 함께 내면 좋다.
• 데리야키 소스는 닭고기와도 잘 어울리니 다른 요리에 응용해도 좋다.

Housewarming Recipe
07

베트남쌈

Vietnamese Wraps

건강하면서도 푸짐한 베트남쌈은 해외에 살면서 가장 많이 해 먹는 음식 중 하나인 듯 합니다. 김밥처럼 자주 먹어도 질리지 않아서 한없이 먹을 수 있는 그런 음식 중 하나이지요. 무엇보다 채소를 많이 먹을 수 있어 더 좋아요.

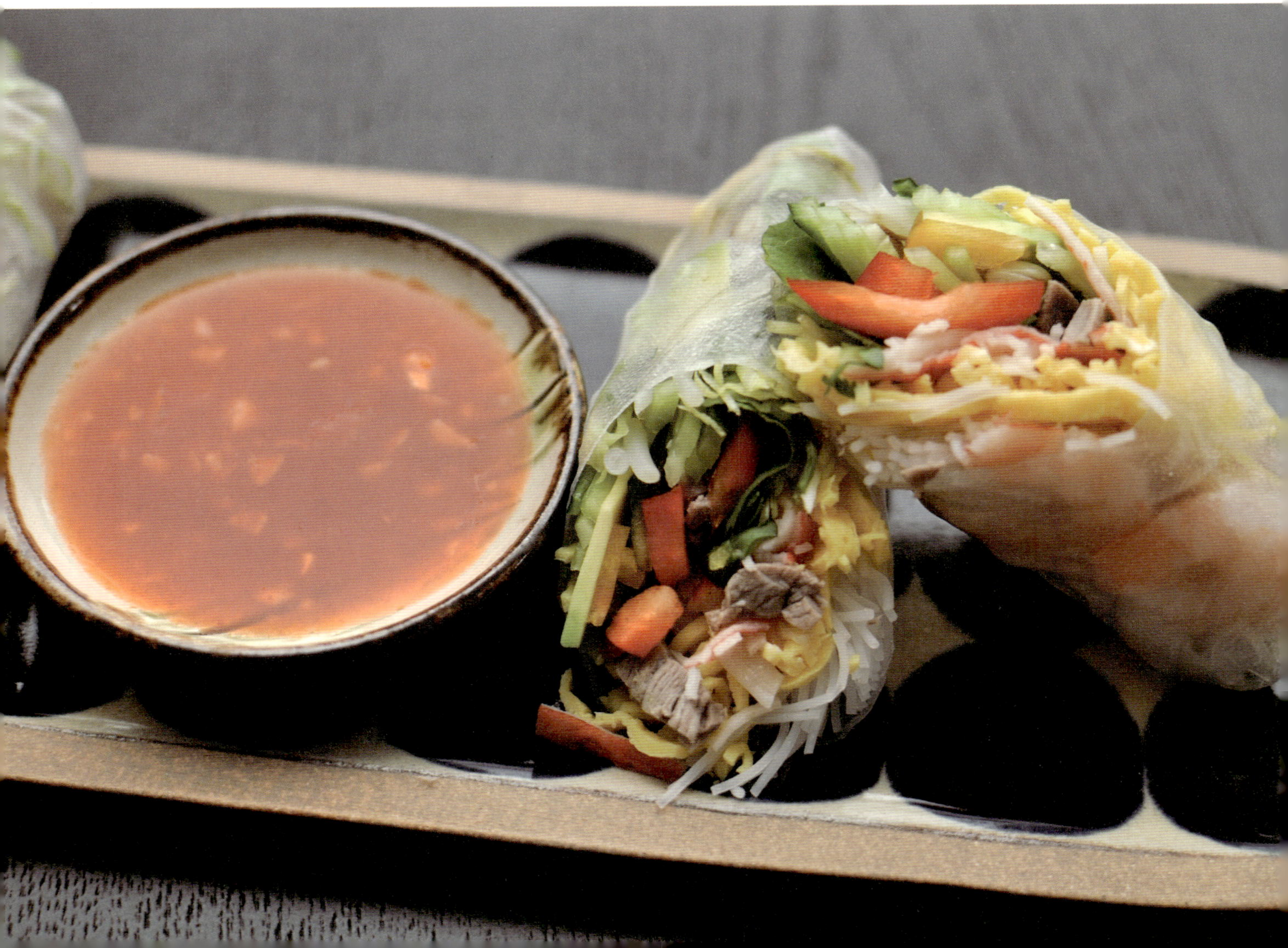

재료 준비

🥛 1컵 = 240㎖

소고기 450g
양파·대파 1개
햄 통조림 1캔
새우 2컵
숙주 1팩
달걀 5개
맛살 1팩
쌀국수면 ¼팩
파프리카 2~3개
아보카도·오이 2개씩
양상추 ¼개
파인애플 통조림 1캔
무싹(또는 각종 새싹 채소) 2팩
고수잎 약간
라이스페이퍼 적당량

소스

레몬 1개
마늘 1쪽
황설탕 1큰술
올리고당 1~2큰술
스리라차 소스 ¼컵
피시 소스 약간(생략 가능)

1 냄비에 소고기, 양파, 대파를 넣고 부드러워질 때까지 삶은 뒤 소고기를 건져 먹기 좋은 크기로 자르거나 찢는다.
2 새우, 숙주, 햄 통조림은 살짝 데치고 각종 채소는 먹기 좋은 크기로 썬다.
3 달걀은 잘 풀어서 팬에 얇게 구운 뒤 먹기 좋은 크기로 썬다.
4 모든 재료를 큰 접시에 예쁘게 돌려 담는다.
5 소스 재료 중 레몬은 즙을 내고 마늘은 다져서 모든 재료와 함께 섞는다.
6 라이스페이퍼를 물에 적셔 접시에 펼치고 각종 재료를 올려서 만 뒤 소스와 함께 낸다.

소스 만들기

Housewarming Recipe

페스토 치킨 라자냐
Pesto Chicken Lasagna

기본 레시피에 소개한 크림소스를 이용하여 만든 라자냐입니다. 치킨을 넣어도 맛있지만 새우를 넣어도 아주 맛있는 색다른 크림소스 라자냐이지요. 브로콜리나 시금치를 넣으면 더 맛있어요.

재료 준비

1컵 = 240㎖

라자냐 면 6장
삶은 닭가슴살 1컵
크림소스 2컵
(p.24 기본 레시피 참조)
바질 페스토 ½컵
리코타 치즈 1컵
모차렐라 치즈 2컵

1 기본 레시피의 크림소스에 바질 페스토를 넣어 페스토 소스를 만든다.
2 라자냐 면은 삶지 않고 물에 20분 정도 담가 둔다.
3 라자냐 용기에 페스토 소스, 라자냐 면, 리코타 치즈, 모차렐라 치즈, 닭가슴살, 라자냐 면 순으로 반복해 담는다.
4 모차렐라 치즈를 토핑으로 더 올린 뒤 190℃로 예열한 오븐에서 35~40분 정도 굽는다.

Housewarming Recipe 09

쿠바식 갈비찜

Cuban Style Ropavieja

쿠바식 갈비찜입니다. 부드럽게 익은 고기와 약간 매콤한 소스가 어우러져 밥, 파스타, 에그누들 어디에도 어울리는 요리입니다. 한국식 갈비찜도 맛있지만 쿠바식 갈비찜도 색다른 맛이 납니다. 요리하는 내내 군침 도는 냄새에 행복한 비명을 지를 거예요.

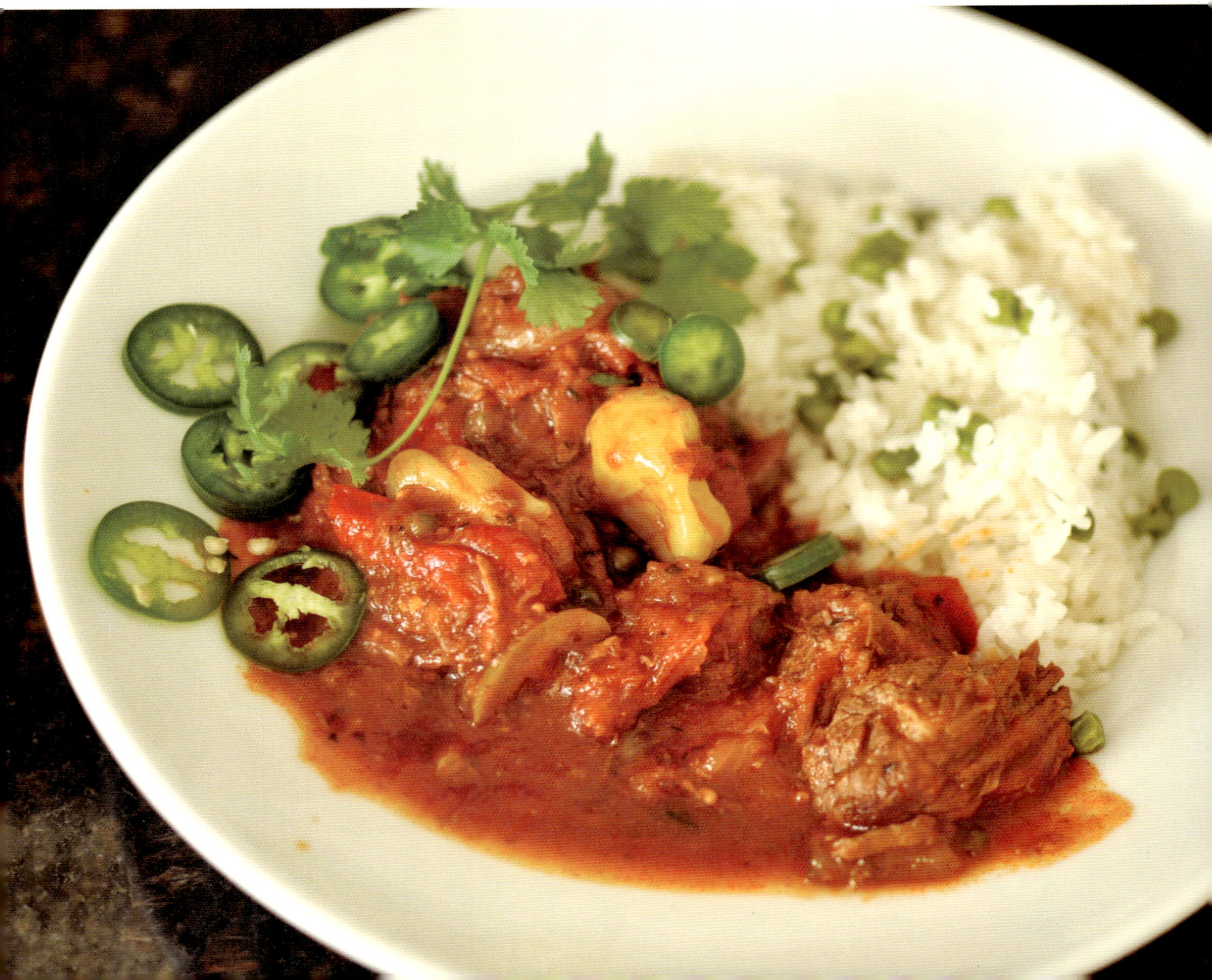

재료 준비

🥣 1컵 = 240㎖

소고기(스테이크용 또는 스튜용) 900g
소고기 육수(비프 브로스) 2컵
토마토 페이스트 1캔(170g)
화이트와인 ½컵
토마토(큰 것) 2개
양파(큰 것)·빨강 파프리카·할라피뇨 1개씩
그린 올리브 ½컵
케이퍼 3큰술
다진 마늘 1큰술
쿠르쿠민가루·타임가루·오레가노가루 1작은술씩
월계수잎 1장
다진 고수잎 약간(생략 가능)
올리브유 적당량
소금·후춧가루 약간씩

1 소고기는 먹기 좋은 크기로 잘라 소금, 후춧가루로 간한다.
2 올리브유를 두른 팬에 소고기를 올리고 겉면이 노릇할 때까지 굽는다.
3 양파는 슬라이스해서 소고기 구운 팬에 넣고 볶는다.
4 토마토 페이스트, 다진 마늘, 쿠르쿠민가루, 타임가루, 오레가노가루, 월계수잎을 넣고 볶다가 화이트와인을 넣어 살짝 볶는다.
5 토마토를 먹기 좋은 크기로 썬다. ④에 소고기 육수를 넣고 익힌 고기와 토마토를 넣고 끓인다. 중간 불보다 조금 약한 불에서 소고기가 부드러워질 때까지 2시간 정도 끓인다.
6 소고기가 연하게 익으면 빨강 파프리카, 그린 올리브, 케이퍼를 넣고 채소가 익도록 15분 정도 더 끓인다.
7 국물이 걸쭉해지면 소금, 후춧가루로 간한 뒤 다진 고수잎을 넣는다.

• 매운맛이 좋다면 할라피뇨나 청양고추를 더 넣는다.

Housewarming Recipe
10

치즈케이크 & 블루베리 소스
Cheesecake & Blueberry Sauce

세상에서 가장 만들기 쉬운 디저트를 꼽으라면 제게는 바로 이 치즈케이크입니다. 자주 구워서일 수도 있고, 시간이 많이 걸리지 않아서일 수도 있어요. 다양하게 활용할 수 있는 치즈케이크에 홈메이드 블루베리 소스를 곁들이면 맛이 더욱 환상적입니다.

재료 준비

🥄 1컵 = 240㎖

9인치 팬 2개 분량

크러스트
잘게 부순 그레이엄 크래커 가루 2컵
녹인 버터 ½컵
설탕 2큰술

필링
크림치즈(실온 상태) 900g
달걀 4개
설탕 1컵
사워크림 1컵
바닐라액 2작은술

토핑
생크림 휘핑한 것 적당량
블루베리 소스 적당량

1. 크러스트 재료를 모두 섞어서 유산지를 깐 팬에 고루 편다.
2. 필링 재료 중 크림치즈를 풀고 설탕, 바닐라액, 사워크림을 넣어 부드럽게 휘핑한다.
3. 달걀을 하나씩 넣고 섞어 필링을 만든다.
4. ①에 필링을 붓고 윗면을 고르게 정리한 뒤 180℃로 예열한 오븐에서 1시간~1시간 10분 정도 굽는다.
5. 한 김 식힌 뒤 냉장실에서 4시간 이상 굳힌 뒤 휘핑한 생크림이나 블루베리 소스를 곁들여 낸다.

- 크림치즈는 반드시 실온 상태의 것을 사용한다. 찬 것인 경우 전자레인지에 살짝 돌려 부드러운 상태로 만든다.
- 달걀도 실온 상태의 것이 좋은데, 하나씩 넣고 섞되 너무 오래 휘핑하지 않는다.
- 초콜릿 치즈케이크를 만들 경우, 중탕으로 녹인 초콜릿 300g을 ②의 과정에 넣으면 된다.
- 냉동 라즈베리나 오레오 쿠키를 넣어도 맛있다.

재료 준비

🥄 1컵 = 240㎖

냉동 블루베리 3컵
물 ½컵+2큰술
설탕 ½컵
레몬즙 1큰술
녹말 1½큰술

홈메이드 블루베리 소스

1. 팬에 냉동 블루베리, 물 ½컵, 설탕을 넣고 15분 정도 끓인다.
2. 레몬즙, 녹말, 물 2큰술을 섞어서 녹말물을 만든 뒤 ①에 조금씩 넣으면서 농도를 조절한다.
3. 한 김 식힌 뒤 냉장 보관한다.

Housewarming Recipe
11

단호박 스펀지케이크

Pumpkin Sponge Cake

《엄마는 아메리칸 스타일》에 나왔던 바나나 스펀지케이크를 조금 다르게 응용한 레시피입니다. 바나나 대신 단호박을 으깨어 넣었는데, 색다르면서 무척 맛있답니다. 색깔도 노릇하니 어찌나 예쁜지, 선물용으로도 좋습니다.

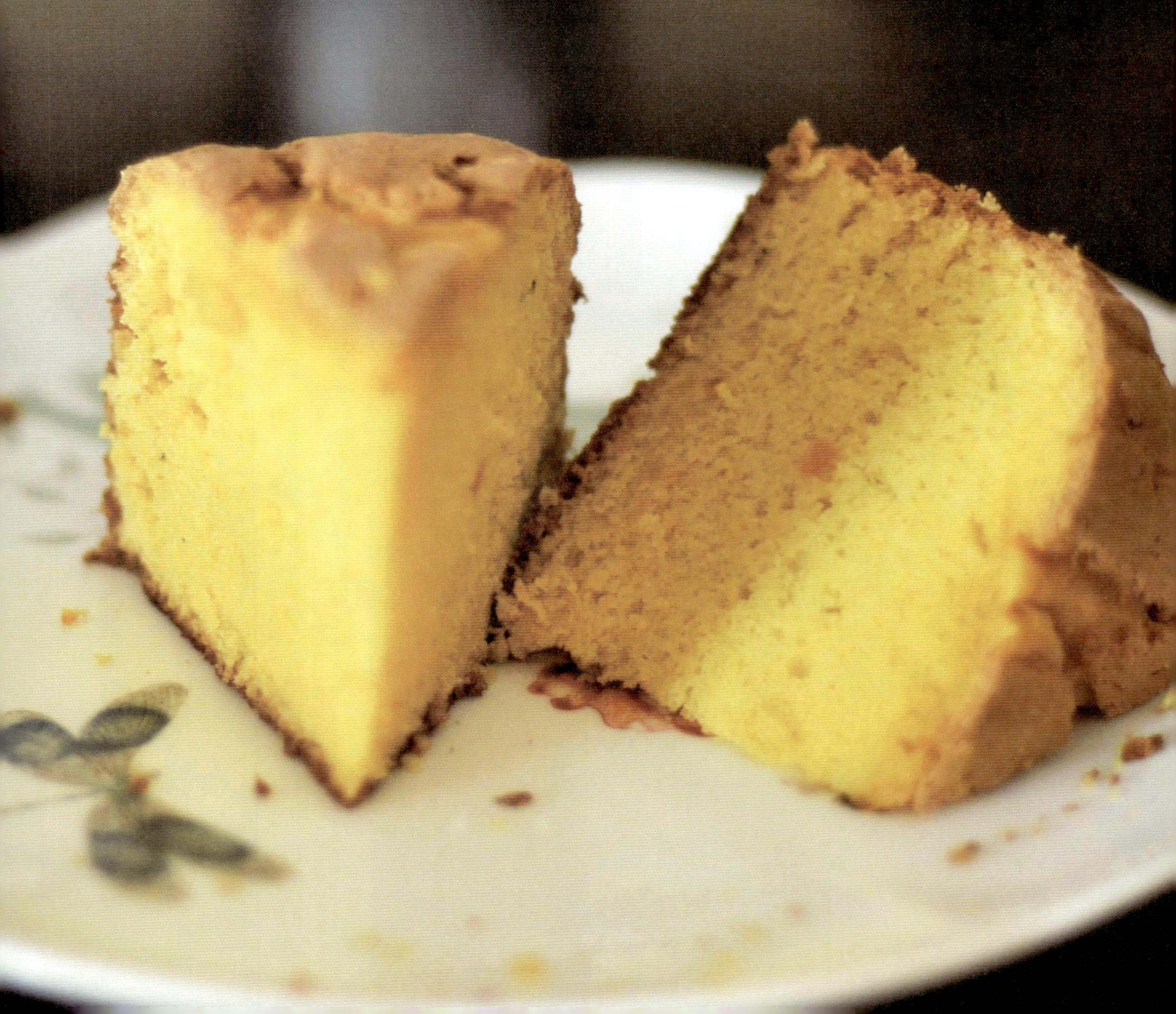

재료 준비

1컵 = 240㎖

7인치 팬 1개 분량

박력분 1¼컵
삶아 으깬 단호박 1컵
달걀노른자 2개
설탕 ½컵
포도씨유 ¼컵
베이킹파우더 1작은술
소금 약간
오일 스프레이(또는 버터) 적당량

머랭

달걀흰자 2개
설탕 ¼컵

1 푸드 프로세서나 믹서에 단호박, 달걀노른자, 설탕, 포도씨유, 소금을 넣고 간다.
2 머랭 재료 중 달걀흰자를 볼에 넣고 휘핑한다. 거품이 조금씩 올라오기 시작하면 설탕을 세 번에 나눠 넣으면서 단단한 머랭을 만든다.
3 ①의 반죽에 머랭 ½ 분량을 넣고 살살 섞는다.
4 ③에 박력분과 베이킹파우더를 체 쳐서 넣고 살살 섞는다.
5 남은 머랭을 넣고 부드러운 반죽이 되도록 살살 섞는다.
6 오일 스프레이나 버터를 바른 팬에 반죽을 담는다.
7 180℃로 예열한 오븐에서 40~50분 정도 굽는다.

- 건포도나 건크랜베리를 넣어도 맛있다.
- 시나몬가루를 약간 넣으면 향이 좋다.

Housewarming Recipe 12

마파두부
Mapa Tofu

한국인이 좋아하는 칼칼한 맛을 지닌 중국 쓰촨 지방 음식입니다. 매콤한 소스와 몸에 좋고 담백한 두부가 아주 잘 어울리지요. 소고기나 돼지고기 모두 잘 어울리지만 굴이 제철일 때 굴을 넣어보세요. 색다른 마파두부 맛에 아마 놀랄 거예요.

재료 준비

두부 1모(300g)
다진 돼지고기 100g
다진 마늘·다진 생강 1½작은술씩
다진 파(흰 부분) 2큰술
다진 실파 약간
닭고기 육수(치킨 브로스) 200㎖
두반장 2작은술
검은 두반장·굴소스 1작은술씩
청주 1큰술
설탕 1작은술
간장 1½큰술
올리브유 2큰술
참기름 1큰술
녹말물(물 1큰술+녹말가루 1큰술)

1 두부는 깍둑썰기해서 끓는 물에 데친다.
2 달군 팬에 올리브유를 두르고 다진 돼지고기, 다진 마늘·생강을 볶는다.
3 돼지고기가 부슬부슬하게 익으면 두반장, 검은 두반장을 넣고 볶는다.
4 청주, 설탕, 간장, 굴소스를 넣고 볶는다.
5 닭고기 육수를 붓고 살짝 끓인 뒤 두부와 다진 파를 넣어 끓인다.
6 녹말물을 조금씩 넣으면서 농도를 조절한다.
7 참기름을 넣고 다진 실파를 올린다.

- 다진 돼지고기를 볶을 때는 고기가 부슬부슬할 때까지 바삭하게 볶고 나서 양념을 한다.
- 굴이 제철일 때 굴을 200g 정도 넣으면 아주 맛있다.

간편하고 맛있어서 모두가 즐거운
포틀럭 & 피크닉 레시피

Potluck Recipe 01

타코 샐러드
Taco Salad

건강한 한 끼로 좋은 요리입니다. 토르티야를 그릇 모양으로 튀겨서 타코 샐러드를 담는 레스토랑도 있는데, 집에서는 토르티야를 튀기기가 쉽지 않으니 나초칩으로 대신해서 바삭바삭한 식감을 더해주면 좋아요.

재료 준비

🥄 1컵 = 240㎖

간 소고기 450g
그린 샐러드 믹스 1팩(170g)
토마토·아보카도 1개씩
물 ⅓~⅔컵
체더치즈 갈은 것 ¼컵
나초칩 적당량
사워크림(또는 렌치 드레싱)
적당량
고수잎 약간

타코 시즈닝

칠리가루 1큰술
쿠르쿠민가루 1~2작은술
마늘가루·양파가루·파프리카가루
1작은술씩
녹말가루·설탕·소금 1작은술씩
오레가노가루·후춧가루
½작은술씩
으깬 레드페퍼 ½작은술

1 타코 시즈닝 재료를 모두 섞는다.
2 달군 팬에 간 소고기를 볶다가 나오는 기름과 물기는 따라 버리고 타코 시즈닝과 물을 넣어 물기가 없을 때까지 볶는다.
3 토마토와 아보카도는 슬라이스하거나 잘게 썬다. 그린 샐러드 믹스와 토마토, 아보카도를 모두 섞어 그릇에 담고 볶은 고기를 올린다.
4 체더치즈를 뿌리고 고수잎을 올린 뒤 나초칩과 사워크림을 곁들여 낸다.

• 샐러드 대신 밥 위에 올려 타코 라이스로 먹어도 맛있다.
• 피자 도우에 얹으면 타코 피자가 된다.

Potluck Recipe
02

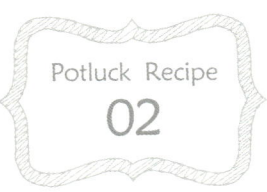

비스킷 & 밀크 그레이비

Biscuit & Milk Gravy

미국 사람들이 가장 좋아하는 아침 식사 메뉴 중 하나입니다. 남편은 지금도 시어머니께서 만들어주셨던 비스킷 이야기를 종종 합니다. 예전에는 미국도 버터가 비싸서 쇼트닝을 많이 사용했다고 하더라고요. 추억의 미국식 브렉퍼스트, 한번 맛보실래요?

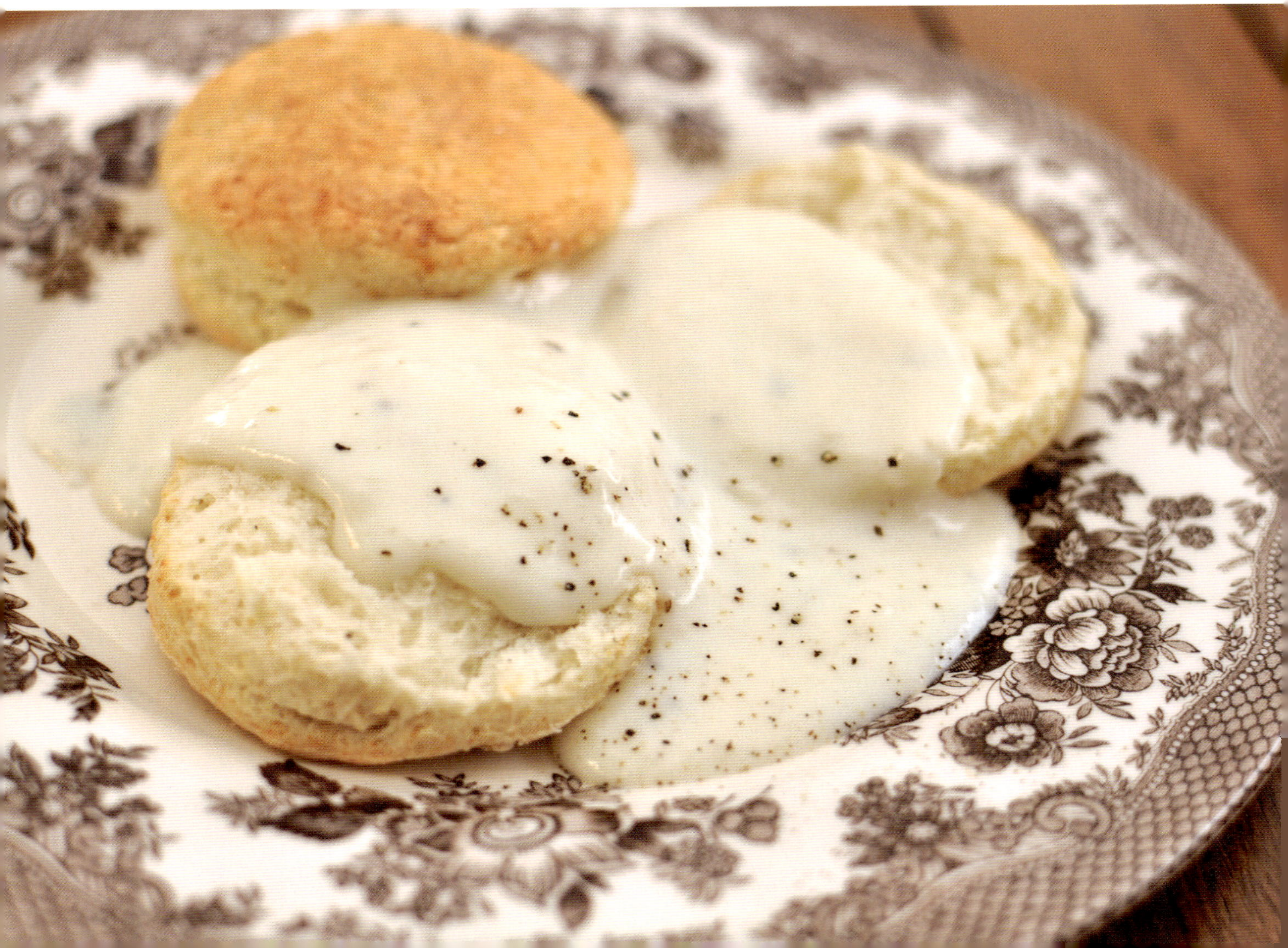

재료 준비

1컵 = 240㎖

박력분 2컵
버터(찬 상태)·크림치즈 ¼컵씩
버터밀크 ½~¾컵
베이킹파우더 3작은술
베이킹소다 ½작은술
소금 1작은술

1. 볼에 박력분, 베이킹파우더, 베이킹소다, 소금을 넣고 찬 상태의 버터와 크림치즈를 조각내어 넣은 뒤 페이스트리 블렌더에 넣어 섞거나 손으로 비벼 고슬고슬하게 반죽한다.
2. 버터밀크를 조금씩 넣으며 반죽을 뭉친다.
3. 밀대로 원하는 두께만큼 반죽을 민 뒤 원형 틀로 동그랗게 찍는다.
4. 모양낸 반죽에 녹인 버터를 바르고 225℃로 예열한 오븐에서 12~15분 정도 굽는다.

- 페이스트리 블렌더 대신 푸드 프로세서를 사용해도 된다.
- 반죽은 너무 치대지 않도록 조심한다.
- 버터밀크는 ½컵부터 양을 조절하며 넣는다. 반죽 상태에 따라 더 넣을 수도 있다.
- 버터밀크 만드는 법 : 우유 1컵에 레몬즙이나 식초 1큰술을 섞어서 걸쭉해지면 완성된 것이다.

재료 준비

1컵 = 240㎖

중력분 2큰술
우유 1~2컵
버터 2큰술
소금·후춧가루 약간씩

밀크 그레이비

1. 달군 팬에 버터를 녹인다.
2. 중력분을 넣고 노릇하게 되도록 젓는다.
3. 우유를 부으면서 계속 젓는다.
4. 소금, 후춧가루로 간한다.

- 우유는 1컵부터 시작하여 질기를 조절하며 넣는다.
- 미리 우유를 데워서 사용하면 시간을 단축할 수 있다.

Potluck Recipe 03

크래브 랑군

Crab Rangoon

크래브 랑군은 미국의 차이니스 레스토랑에서 미국인과 중국인 모두 좋아할 수 있는 퓨전 요리를 목표로 만든 것이라고 합니다. 짭짤하면서 한입에 먹을 수 있어 자꾸 손이 가는 애피타이저예요. 파티나 피크닉, 아이들 간식에 두루두루 어울리지요.

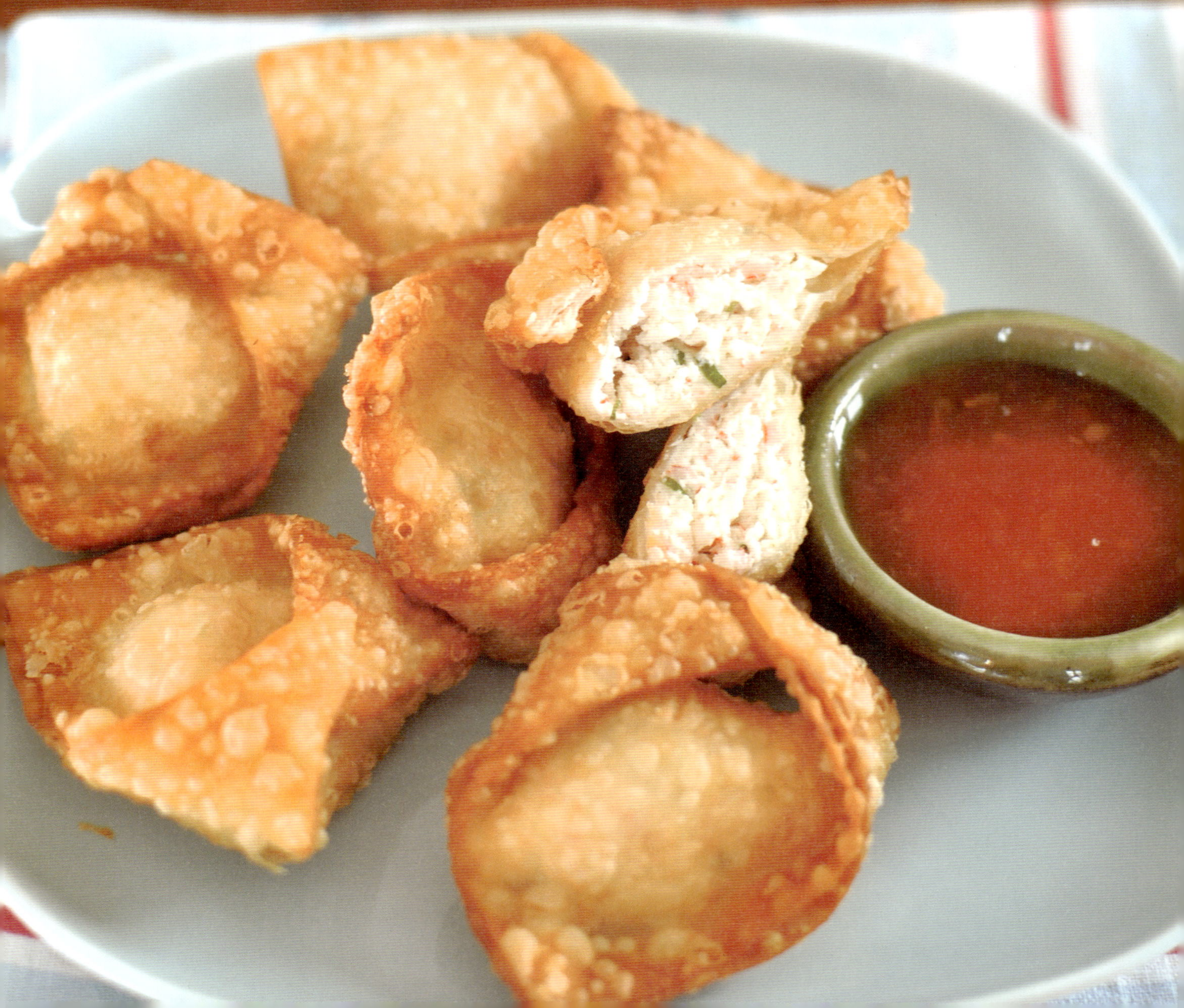

재료 준비

1컵 = 240㎖

완탕피 30장
스위트 칠리소스 적당량

소

크림치즈(실온 상태) 1팩(230g)
다진 맛살 1컵
다진 실파 3큰술
우스터소스 ½작은술(생략 가능)
식용유 적당량
후춧가루 약간

1 맛살은 푸드 프로세서로 다져서 준비한다.
2 크림치즈에 다진 맛살, 다진 실파, 우스터소스, 후춧가루를 섞어 부드러운 소를 만든다.
3 완탕피에 필링을 1큰술씩 넣고 반으로 접어 원하는 모양으로 빚는다.
4 완탕을 기름에 노릇하게 튀긴 뒤 스위트 칠리소스를 곁들여 낸다.

- 마늘이나 양파를 조금 넣어도 좋다.
- 완탕을 빚을 때 완탕피에 물을 묻혀 잘 붙도록 누른다.

재료 준비

1컵 = 240㎖

설탕 ½컵
쌀식초·물 ¼컵씩
타이칠리 1개
다진 마늘 1작은술
녹말물 1큰술

홈메이드 스위트 칠리소스

타이칠리는 곱게 다진다. 냄비에 녹말물을 제외한 모든 재료를 넣고 끓인 뒤 마지막에 녹말물로 농도를 조절한다.

치킨 포트 파이
Chicken Pot Pie

미국의 대표적인 컴퍼트 푸드(Comfort Food, 그리운 옛맛) 중 하나입니다. 어머니의 손맛이 그리울 때 생각나는 음식, 먹으면 몸과 마음이 편안해지는 음식, 만들기 쉽고 속은 든든한 음식 중 하나라고 할까요? 다이어트를 하는 사람들에게는 부담스러운 음식이기도 하지만 때때로 생각나는 그런 음식입니다.

재료 준비

1컵 = 240㎖

시판 파이 도우 1장
삶은 닭가슴살 450g
닭고기 육수(치킨 브로스) 2½컵
우유 ½컵
중력분 ⅓컵
버터 ⅓컵
깍둑썰기한 당근·셀러리·양파 ½컵씩
완두콩 ½컵
다진 마늘 1큰술
달걀물 적당량
소금·후춧가루 약간씩

1 삶은 닭가슴살은 깍둑썰기한다.
2 달군 팬에 버터를 녹이고 양파와 다진 마늘을 볶는다.
3 양파가 투명해지면 중력분을 넣고 볶는다.
4 닭고기 육수, 우유, 당근, 셀러리를 넣고 끓인다.
5 완두콩과 ①의 닭가슴살을 넣어 고루 섞은 뒤 소금·후춧가루로 간하여 오븐 용기에 담는다.
6 시판 파이 도우로 위를 덮은 뒤 달걀물을 바른다.
7 200℃로 예열한 오븐에서 파이 도우가 노릇하게 익도록 15~20분 정도 굽는다.

5-1

5-2

6

- 닭고기 대신 칠면조 고기를 사용해도 된다.
- 감자를 넣어도 맛있다.
- 기호에 따라 허브(타임, 파슬리 등)를 넣어줘도 좋다.
- 큰 베이킹 용기 대신 1인용 베이킹 용기를 사용해도 된다.

칠리 & 칠리도그
Chili & Chili Dog

캐주얼한 파티에 적합한 요리입니다. 피크닉 갈 때 준비해가면 먹기도 편하고 소풍 가는 기분도 나지요. 추운 겨울에 더 생각나는 매콤한 칠리의 맛이라니. 남은 칠리는 나초 칩에 치즈와 함께 올려서 먹거나 핫도그에 얹어 칠리도그로 먹으면 좋아요.

재료 준비

🥄 1컵 = 240㎖

간 소고기 450g
토마토소스 1캔(822g)
치킨 스톡(또는 비프 스톡, 와인) 1~2컵
키드니빈·핀토빈 1캔(425g)씩
다진 양파 1컵
다진 마늘 1큰술
다진 그린 칠리 ¼컵
다진 셀러리 ½컵
칠리가루 1½큰술
쿠르쿠민가루·파프리카가루 1작은술씩
설탕·소금 1작은술씩
후춧가루 ½작은술
올리브유 적당량

1 키드니빈과 핀토빈은 물기를 빼고 씻어서 준비한다.
2 달군 팬에 올리브유를 두르고 다진 마늘·양파·그린 칠리·셀러리를 넣어 볶는다.
3 양파가 투명해지고 다른 채소가 익으면 간 소고기를 넣고 볶는다.
4 토마토소스와 ①의 콩을 넣는다.
5 나머지 재료를 모두 넣고 섞는다.
6 중간 불에서 20~30분 정도 걸쭉해지도록 끓인다.

- 콩 통조림 대신 콩을 삶아 사용해도 된다.
- 좋아하는 콩은 아무것이나 사용 가능하다.
- 핫도그 위에 칠리와 치즈를 올리고 머스터드와 다진 양파를 곁들여 칠리도그를 만들어 먹어도 맛있다.
- 머스터드를 곁들여도 맛있다.

Potluck Recipe 06

허니 간장 소스 닭봉
Honey Soy Chicken Wings

닭고기 요리는 어른, 아이 할 것 없이 좋아하지요. 달콤하면서도 짭조름한 소스가 입맛을 당기는 닭봉 요리는 더 인기 있고요. 닭봉 요리를 예쁘게 장식해서 피크닉에 가져가면 배도 든든하고 술안주로도 그만입니다.

재료 준비

🥄 1컵 = 240㎖

닭봉 30개
녹말가루 1컵
식용유 적당량

밑간
맛술·술 2큰술씩
소금 1작은술
으깬 레몬페퍼 1작은술
마늘가루·양파가루 1작은술씩
카레가루 ½작은술

소스
간장 ½컵
꿀 ½컵
핫소스(또는 스리라차 소스)
적당량

1 닭봉은 깨끗이 씻은 뒤 밑간 재료를 넣고 15분 정도 재어 둔다.
2 녹말가루 1컵을 넣고 고루 버무려 튀김옷을 입힌다.
3 닭봉을 식용유에 노릇하게 한 번 튀기고 소스로 버무리기 전에 한 번 더 튀긴다.
4 팬에 소스 재료를 모두 넣고 우르르 끓인 뒤 튀긴 닭봉을 넣고 버무린다.

• 닭봉은 잡내를 제거하기 위해 우유에 담갔다가 사용한다.
• 닭의 높은 열량이 걱정된다면 껍질을 제거하고 조리한다.
• 핫소스 양은 입맛에 맞게 조절한다.

Potluck Recipe 07

소파필라 치즈케이크
Sopapilla Cheesecake

남편 사무실에서 포틀럭 파티를 열었을 때 회사 동료의 부인이 준비해온 치즈케이크 레시피입니다. 한입 맛보고는 바로 그 맛에 반했어요. 치즈케이크 같으면서도 시나몬 향이 은은한 페이스트리의 맛도 나요. 너무 무겁지 않아 더 마음에 듭니다.

재료 준비

🥛 1컵 = 240㎖

9×13인치 팬 크기 1개 분량

냉장 크루아상 도우 2통
꿀 ¼컵

필링

크림치즈(실온 상태) 2팩(460g)
설탕 ½컵
레몬필 1큰술(생략 가능)
바닐라액 1작은술

시나몬 슈거 버터

설탕 ½컵
버터(실온 상태) ¼컵
시나몬가루 1작은술

1. 크림치즈를 살짝 푼 뒤 설탕, 레몬필, 바닐라액을 넣고 부드럽게 휘핑해 필링을 만든다.
2. 오븐팬에 냉장 크루아상 도우 1통을 편다.
3. 도우 위에 ①의 필링을 편다.
4. 필링 위에 남은 크루아상 도우를 편다.
5. 작은 볼이나 푸드 프로세서에 설탕, 시나몬가루, 버터를 넣고 부드럽게 섞어 시나몬 슈거 버터를 만든다.
6. ④ 위에 ⑤를 군데군데 올린다.
7. 180℃로 예열한 오븐에서 35~40분 정도 구운 뒤 꺼내서 꿀을 뿌린다.
8. 실온에서 충분히 식힌 뒤 낸다.

- 시나몬 슈거 버터는 일정한 간격을 맞춰 올리면 구워지면서 고루 녹는다.
- 꿀은 케이크가 따뜻할 때 뿌려야 잘 스며든다.
- 안의 필링이 굳지 않아 흐를 수 있으니 꼭 실온에서 식힌 뒤 낸다.

Potluck Recipe 08

아몬드 타르트
Almond Tart

고소한 아몬드 향이 가득한 파이입니다. 정성을 기울여 만든 아몬드 타르트에 마음을 담아 기념일에 누군가에게 선물해도 좋고, 편안한 친구를 초대해 차 한잔 나누며 우아한 티타임을 가져도 좋겠죠?

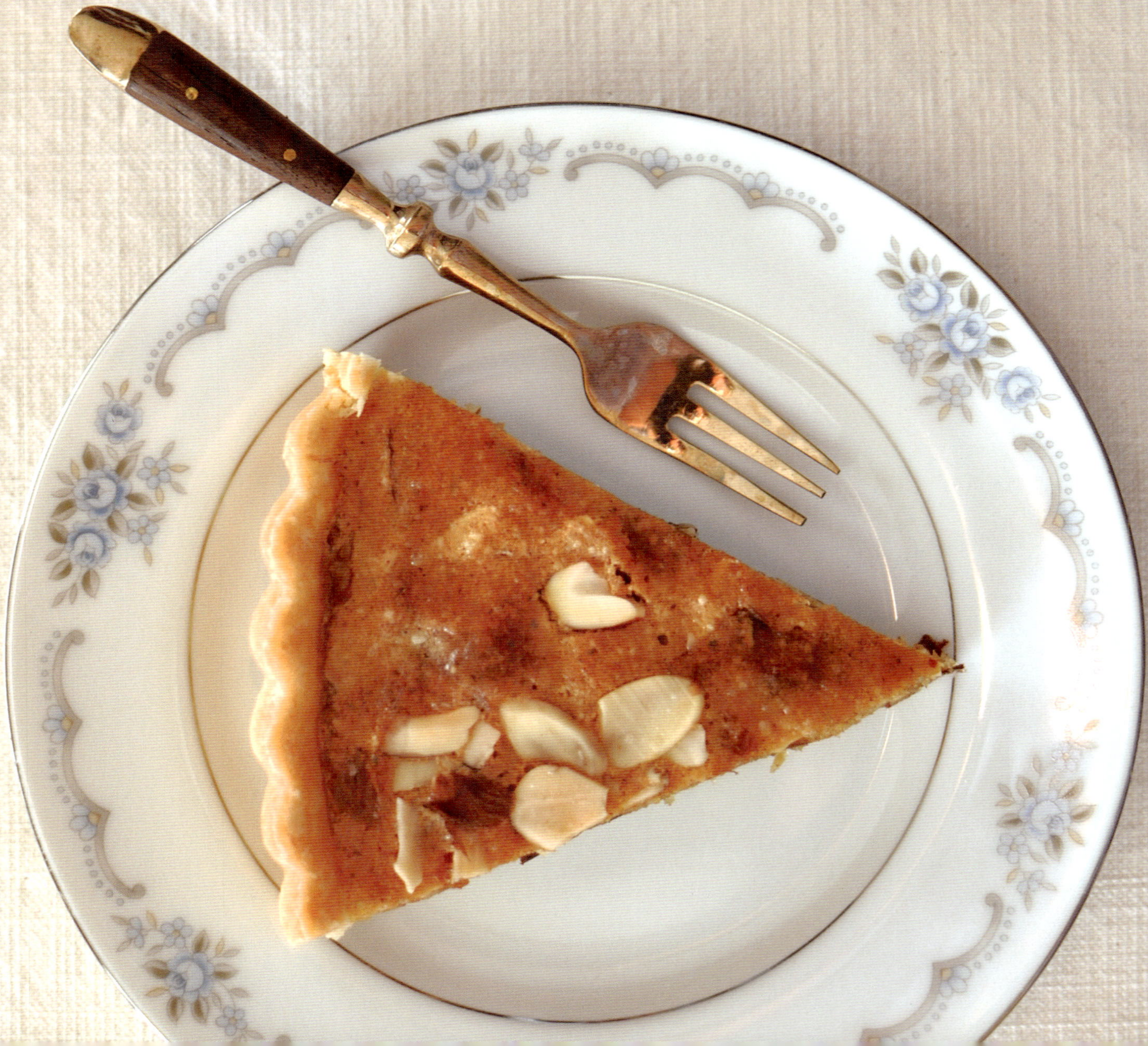

재료 준비

🥛 1컵 = 240㎖

파이 도우 10인치 크기 1장
(p.20 기본 레시피 참조)
아몬드 슬라이스 토핑용 약간
물 ½컵
나파주 2큰술

필링

아몬드 슬라이스 ½컵
버터 6큰술
설탕·아몬드가루 ½컵씩
달걀 2개
시나몬가루 ½작은술

1. 아몬드 슬라이스는 190℃로 예열한 오븐에서 5~8분 정도 노릇하게 굽는다.
2. 볼에 버터와 설탕을 넣고 볼륨이 생기도록 휘핑한 뒤 달걀을 하나씩 넣고 휘핑한다.
3. 작은 볼에 아몬드가루와 시나몬가루를 넣고 섞는다.
4. ②에 ③의 가루류를 넣고 섞는다.
5. ④에 구운 아몬드 슬라이스 80g을 넣고 섞어서 필링을 만든 뒤 파이 도우에 팬닝한다.
6. 토핑용 아몬드 슬라이스를 올린다.
7. 180℃로 예열한 오븐에서 40분 정도 굽는다.
8. 물과 나파주를 섞고 걸쭉하게 끓인 뒤 구운 타르트에 바른다.

- 필링에 넣을 아몬드 슬라이스를 구우면 더 고소하다.
- 토핑용 아몬드 슬라이스는 따로 굽지 않아도 된다.

미니 피칸 타르트
Mini Pecan Tart

추수감사절이나 크리스마스에 빠지면 섭섭한 피칸 파이를 작게 만들었어요. 혼자 먹을 수 있는 크기라 서브하기도 편하고 하나씩 들고 먹기도 좋아요. 언제나, 누구에게나 인기 있는 디저트 중 하나입니다.

재료 준비

☕ 1컵 = 240㎖

파이 도우 10인치 크기 1장
(p.20 기본 레시피 참조)

필링
달걀 1개
다진 피칸 1컵
황설탕 ¾컵
녹인 버터 2큰술
바닐라액 1작은술

1 파이 도우 10인치 크기 1장 분량의 반죽을 만든다.
2 반죽을 24개로 나눠 미니 파이 팬에 팬닝한다.
3 필링 재료를 모두 섞어서 미니 파이 도우에 나눠 담는다.
4 180℃로 예열한 오븐에서 20~25분 정도 굽는다.

- 동그란 모양이나 꽃무늬의 쿠키 커터를 이용해서 파이 도우를 자르면 더 예쁜 모양이 난다.
- 필링에 들어갈 피칸을 살짝 구우면 더 고소하다.
- 오븐마다 익는 온도가 다르기 때문에 구워지는 것을 보면서 시간을 조절한다.

Potluck Recipe 10

과카몰리
Guacamole

'멕시코 사람들의 된장, 고추장'이라는 과카몰리는 아보카도를 좋아하는 제가 자주 해 먹는 요리입니다. 몸에 좋은 아보카도를 더 맛있게 먹는 방법이거든요. 나초칩과 가장 잘 어울리지만 모든 음식에 두루두루 어울리는 사이드 메뉴 중 하나이기도 하죠.

재료 준비

아보카도 2개
토마토(작은 것) 1개
라임(또는 레몬) 1개
다진 고수잎·다진 적양파 1큰술씩
소금·후춧가루 약간씩

1 아보카도는 반 갈라 씨를 제거하고 과육에 칼집을 넣어 숟가락으로 퍼낸다.
2 토마토는 잘게 썰고 라임은 즙을 짠다.
3 볼에 준비한 모든 재료를 넣고 섞는다.

- 부드러운 과카몰리를 원하면 아보카도를 으깨서 사용한다.
- 매운맛을 좋아하면 으깬 레드페퍼나 다진 할라피뇨를 넣는다.

Picnic Recipe 01

샐러드빵
Salad Sandwich

오래전에 시장에서 사 먹었던 샐러드빵, 일명 '사라다빵'을 기억하시나요? 마요네즈 듬뿍 들어간 샐러드를 폭신한 모닝롤에 넣어 토마토케첩을 듬뿍 뿌려 먹던 바로 그 맛. 한입 베어 물면 어렸을 적 생각이 나는 추억의 맛이에요.

재료 준비

🥄 1컵 = 240㎖

모닝롤 8개
버터 적당량
토마토케첩 적당량

샐러드

삶은 달걀 2개
다진 맛살 1컵
오이 ½개
양배추 ¼개
당근 ¼개
양파 ⅛개
마요네즈 ¼~½컵
다진 스위트 피클 2큰술
머스터드 1큰술
후춧가루 약간

1 모닝롤은 반으로 갈라 자른 뒤 안쪽 면에 버터를 바른다.
2 오이, 양배추, 당근, 양파는 채 썰고 삶은 달걀은 으깬다. 큰 볼에 샐러드 재료를 모두 넣고 섞는다.
3 모닝롤 안에 샐러드를 적당히 넣고 토마토케첩을 뿌린다.

- 모닝롤 대신 식빵을 사용해도 좋다.
- 햄이나 치즈를 샐러드와 함께 소로 넣어도 맛있다.
- 샐러드는 먹기 직전 버무려야 물기가 생기지 않는다.
- 마요네즈를 줄이고 사워크림을 섞어도 맛있다.

Picnic Recipe 02

베이글
Bagel

집에서 갓 구운 베이글로 행복한 맛을 느껴보세요. 크림치즈나 버터, 잼을 발라 아침으로 먹어도 맛있고 치즈나 햄, 양상추 등을 넣은 베이글 샌드위치는 피크닉 메뉴로도 훌륭합니다. 남은 베이글은 얇게 썰어서 칩을 만들어 또 다른 맛으로 즐기세요.

재료 준비

🥣 1컵 = 240㎖

중력분 450g
호밀가루(또는 통밀가루) 50g
소금 7g
물 1컵(250㎖)
꿀 30㎖
인스턴트 드라이 이스트 3g

데칠 물
물 적당량
베이킹소다 약간

1 제빵기 또는 반죽기에 모든 재료를 넣고 반죽한다. 손으로 반죽할 경우 반죽이 부드러워지도록 치대며 반죽한다.
2 반죽이 부드러워지면 6개(각각 약 135g)로 나눈 뒤 랩을 씌워 15분 동안 둔다.
3 반죽을 길게 밀어 한쪽 면을 납작하게 누른 뒤 끝과 끝을 연결해 고리 모양으로 만든다.
4 랩이나 젖은 면포를 살짝 씌우고 1시간~1시간 30분 정도 발효시킨다.
5 끓는 물에 베이킹소다를 약간 넣고 불을 줄인 뒤 고리 반죽을 넣어 앞뒷면을 30초씩 데친다.
6 220℃로 예열한 오븐에서 18분 정도 굽는다.

- 보통은 고리 모양으로 만들지만 길게 스틱 모양으로 만들어도 된다.
- 반죽에 견과류나 건과일을 넣어도 좋고, 오븐에 넣기 전에 깨나 치즈 등의 토핑을 올려도 좋다.

Picnic Recipe
03

곰돌이 티 샌드위치

Tea Sandwich

귀여운 곰돌이 모양을 보면 먹기가 아까울 만큼 깜찍한 샌드위치입니다. 모양도 예쁘지만 달걀 샐러드를 넣어서 맛이 부드럽고 고소해 아이들이 무척 좋아하지요. 아이들의 방과 후 간식으로 활용하세요.

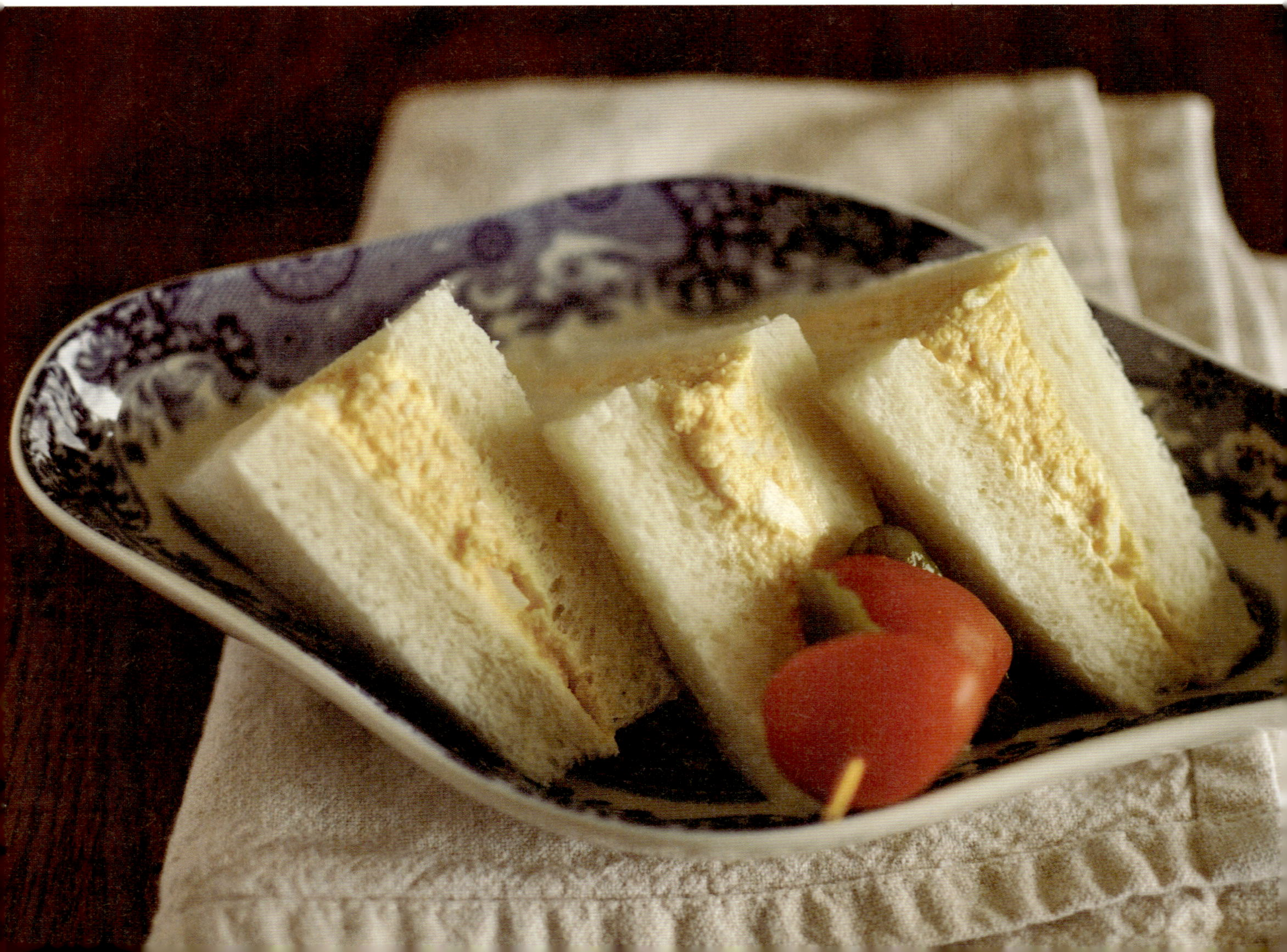

  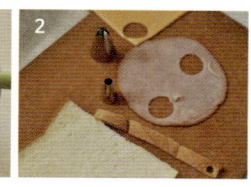  

재료 준비

식빵 8장
치즈 슬라이스·햄 슬라이스 4장씩
미니 초코칩 약간
버터 약간

달걀 샐러드

삶은 달걀 4개
마요네즈 3~4큰술
디종 머스터드 ½작은술
소금·후춧가루 약간씩

1. 달걀 샐러드 재료 중 삶은 달걀을 작은 볼에 넣고 으깬 뒤 남은 재료를 모두 넣고 부드럽게 섞는다.
2. 식빵 가장자리의 껍질 부분을 얇게 잘라 귀를 만들고 햄과 치즈를 동그랗게 잘라 코와 볼을 만든다.
3. 식빵 안쪽에 버터를 바른 뒤 ①의 달걀 샐러드 적당량을 바르고 다른 식빵으로 덮어 샌드위치를 만든다.
4. 샌드위치 가장자리를 자르고 전체를 반으로 자른다.
5. ②에서 만들어둔 귀, 코, 볼 모양 식빵과 눈으로 쓰일 초코볼에 마요네즈나 버터를 발라 ④의 샌드위치 위에 모양내어 붙인다.

- 달걀 샐러드에 다진 양파·셀러리·피클 1큰술씩을 넣어도 맛있다.
- 칼을 이용해 일반 삼각형으로 자르거나 모양 틀을 이용해 여러 가지 모양으로 찍어도 재미있다.

Potluck & Picnic Recipe 185

몬테크리스토
Montecristo

시판 파이 도우를 사용해 집에서도 쉽게 만들 수 있는 샌드위치입니다. 안에 좋아하는 소를 넣어 아침으로 가볍게 먹기도 좋아요. 햄과 치즈가 들어간 몬테크리스토는 달콤한 메이플 시럽과 특히 잘 어울리지요.

재료 준비

시판 파이 도우(20×20인치) 1장
햄 슬라이스 4~8장
스위스 치즈 슬라이스 4장
달걀물(달걀 1개+물 1큰술)
슈거파우더 적당량
메이플 시럽 약간

1 파이 도우는 4등분한다.
2 파이 도우 위에 햄과 스위스 치즈를 올리고 대각선으로 접은 뒤 포크로 가장자리를 꾹 누른다.
3 달걀물을 바르고 200℃로 예열한 오븐에서 15~18분 정도 노릇해질 때까지 구워 식힌다.
4 슈거파우더와 메이플 시럽을 뿌린다.

핸드파이
Hand Pies

만들기도, 먹기도 편한 디저트입니다. 한 개씩 들고 먹을 수 있어서 피크닉이나 포틀럭 파티에 가져가면 인기 만점이에요. 안의 필링을 다른 것으로 응용하면 또 다른 맛을 즐길 수 있습니다. 달콤한 잼과 새콤한 크림치즈도 좋고, 팥을 넣어도 맛있어요.

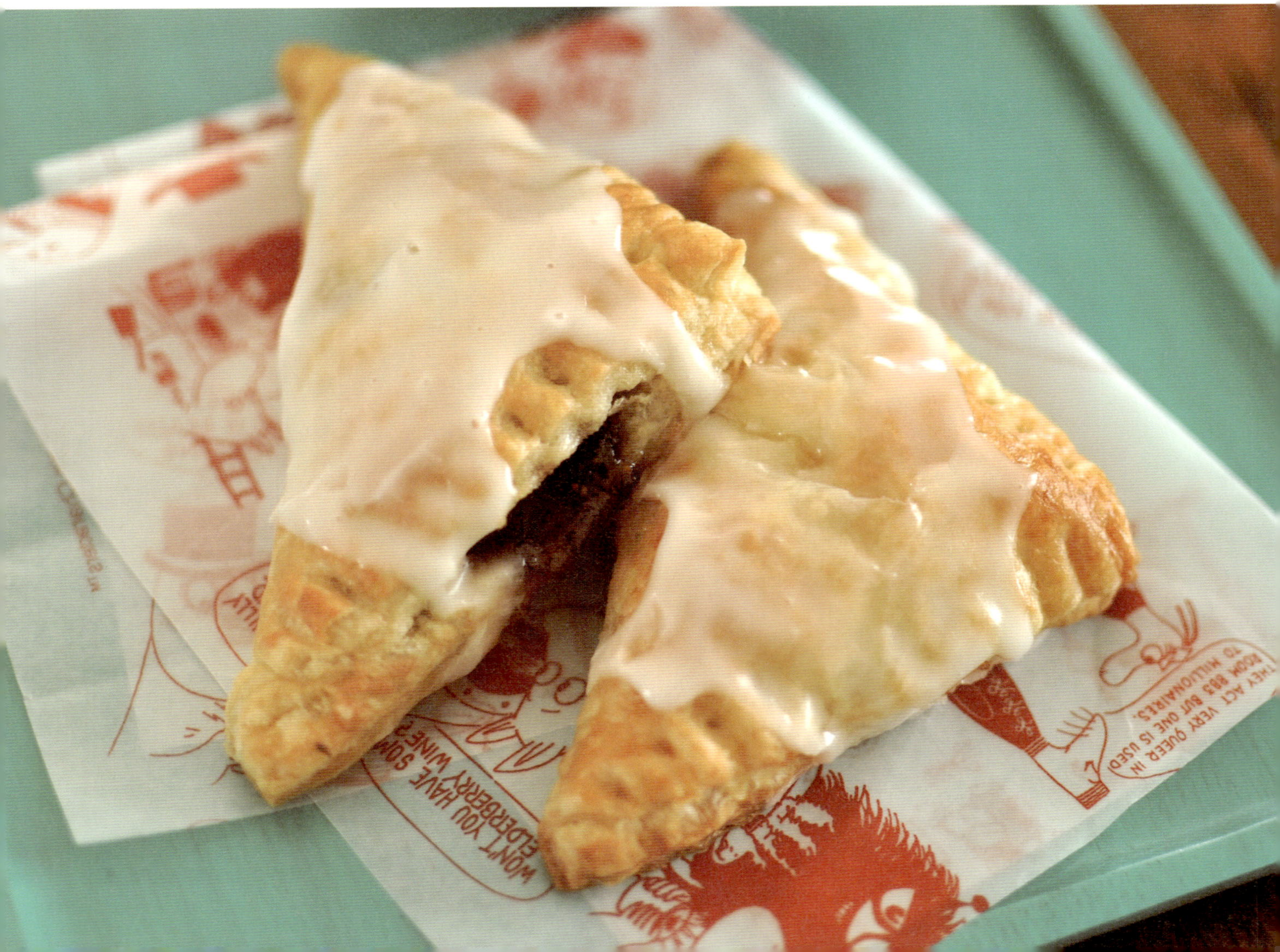

재료 준비

🥄 1컵 = 240㎖

냉동 퍼프 페이스트리 1박스
크림치즈(실온 상태) 1팩
 (약 225g)
살구잼(또는 라즈베리잼) 1컵
설탕 적당량
달걀물(달걀 1개+물 1큰술)

아이싱

슈거파우더 1컵
우유 1~2큰술
바닐라액 약간

1 냉동 퍼프 페이스트리는 실온에 1시간 가량 두어 말랑해지도록 해동한다.
2 찢어지지 않도록 잘 펴서 9등분해 자른 뒤 살구잼과 크림치즈를 1큰술씩 올린다.
3 삼각으로 접어 가장자리를 포크로 누르고 위에 칼집을 두 군데 정도 넣는다.
4 파이 표면에 달걀물을 바르고 설탕을 뿌린다.
5 220℃로 예열한 오븐에서 9~12분 정도 굽는다.
6 슈거파우더에 바닐라액 약간과 우유를 1큰술씩 넣으면서 질기를 조절해 아이싱을 만든 뒤 구운 파이에 뿌린다.

- 모양은 반달형, 사각형, 삼각형 등 원하는 대로 만든다.
- 잼은 아무 종류나 사용해도 된다.
- 잼 대신 빙수용 팥을 사용해도 맛있다.
- 아이싱을 만들 때 우유 대신 레몬즙을 사용하면 상큼한 맛이 난다.

Potluck & Picnic Recipe 189

버터 피칸 쿠키
Butter Pecan Cookies

한 번 더 구워서 넣은 피칸 때문에 여느 피칸 쿠키보다 더 고소한 맛이 일품입니다. 나른한 오후의 티타임에도 잘 어울리지요. 크리스마스 쿠키 목록에 추가해두었다가 잊지 말고 만들어 선물도 하고, 맛있게 즐겨 보세요.

재료 준비

 1컵 = 240㎖

중력분 1컵
다진 피칸(또는 다진 호두) ¾컵
버터(실온 상태) ½컵
설탕 ⅓컵
바닐라액 1작은술
소금 약간

시나몬슈거
설탕 ⅓컵
시나몬가루 ¼작은술
너트메그가루 약간(생략 가능)

1 쿠키 시트에 다진 피칸을 펼쳐 담고 180℃로 예열한 오븐에서 5분 정도 구운 뒤 식힌다.
2 볼에 실온 상태의 버터와 설탕을 넣고 저어 크림화한다.
3 바닐라액을 넣고 섞는다.
4 중력분과 소금을 체에 쳐서 넣고 살살 섞는다.
5 ①의 구운 피칸을 넣고 반죽이 어느 정도 뭉쳐지도록 섞는다.
6 다른 그릇에 시나몬 슈거 재료를 모두 넣어 골고루 섞는다.
7 반죽을 2큰술 분량씩 떠서 둥글린 뒤 시나몬슈거에 굴린다.
8 쿠키 시트에 팬닝하고 컵으로 납작하게 누른다.
9 180℃로 예열한 오븐에서 15분 정도 굽는다.

• 좋아하는 건과일을 넣는다.

Picnic Recipe 07

반미
Bahn Mi

무절임이 들어가는 베트남식 샌드위치인 반 미는 만들기가 간단하면서도 참 맛있어요. 베트남에서는 쌀가루로 만든 부드러운 바게트를 샌드위치용 빵으로 사용하지만 우리는 구하기 쉬운 시판 바게트나 치아바타로 대신하면 됩니다.

재료 준비

미니 바게트 1개
슬라이스 햄 8장
오이 ½개
고수잎·양상추잎 적당량씩
마요네즈 3큰술
스리라차 소스 1큰술

무절임

무 ¼개
당근 ½개
식초·물 3큰술씩
설탕 3큰술
소금 ½작은술

1 무와 당근은 채 썬다. 무절임 재료를 모두 섞은 뒤 밀폐용기에 담아 냉장고에 넣고 30분 이상 둔다.
2 마요네즈와 스리라차 소스를 섞어 매콤한 마요네즈 소스를 만든 뒤 반 가른 바게트에 바른다.
3 오이는 슬라이스한다. 바게트의 마요네즈 소스 바른 면에 오이, 햄, 무절임, 양상추, 고수잎 순으로 올린다.

- 매운맛을 좋아하면 할라피뇨나 청양고추를 슬라이스해서 조금 넣는다.
- 얇게 썬 소고기나 돼지고기를 구워서 넣어도 맛있다.
- 스리라차 소스 대신 칠리 소스를 넣어도 된다.

Picnic Recipe 08

오키나와 도넛
Sata Andagi(Okinawan Doughnuts)

튀긴 음식을 많이 먹는 오키나와에 오자마자 오키나와 도넛을 맛봤는데요. 어렸을 적 엄마가 만들어주셨던 도넛과 아주 흡사한 맛이었어요. 반죽은 기본 레시피를 사용하고, 녹차가루나 단호박가루를 섞어 만들어보세요. 팥을 넣어도 맛있어요.

재료 준비

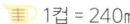 1컵 = 240㎖

박력분 300g
설탕 175g
녹인 버터(또는 식용유) 2큰술
달걀 3개
탈지분유 1큰술(생략 가능)
바닐라액 1작은술
베이킹파우더 1작은술
식용유 적당량

1 볼에 모든 가루류를 넣어 섞은 뒤 달걀과 녹인 버터, 바닐라액을 넣고 마른 가루가 보이지 않을 정도로만 섞는다.
2 반죽에 랩을 씌워 냉장고에 넣고 30분 정도 둔다.
3 반죽을 1큰술씩 떠서 손에 식용유를 묻혀 가며 동그랗게 성형한다.
4 도넛 반죽을 140~150℃의 식용유에 넣고 진한 갈색이 나도록 8~10분 정도 튀긴다.

- 반죽을 성형할 때 손에 기름을 묻히면서 하면 들러붙지 않는다.
- 반죽 크기가 클수록 튀기는 시간을 늘린다.
- 낮은 온도에서 오래 튀겨야 안까지 잘 익는다.
- 팥소를 넣으려면 팥을 동그랗게 빚은 뒤 ③의 과정에서 반죽 안에 넣고 성형한다.
- 단호박, 고구마, 녹차, 쑥, 시나몬, 코코아 가루, 흑설탕 등 여러 가지 재료로 만들면 색과 모양이 예쁘고 만드는 재미도 있다. 검은깨를 넣으면 고소하다.
- 삶은 단호박을 넣을 경우는 쪄서 으깬 것 100g 정도가 적당하다.

여유 있는 시간을 위한
홀리데이 레시피

부활절 브레드
Easter Bread

삶은 달걀에 물을 들여 빵 위에 얹어 굽는 부활절 빵입니다. 빵 위에 콕콕 박힌 예쁜 색깔의 달걀이 매우 예쁜 홀리데이 레시피이지요. 실은, 아이들과 달걀에 알록달록 물을 들이고 빵 위에 얹는 과정이 먹을 때보다 더 즐겁답니다.

재료 준비

🥄 1컵 = 240㎖

반죽
중력분 3컵
버터(실온 상태) ½컵
따뜻한 우유 ½~⅔컵
달걀 2개
설탕 5큰술
인스턴트 드라이 이스트 2작은술
소금 1작은술

토핑
삶은 달걀 4~5개
달걀물(달걀 1개+물 1큰술)

1 반죽기에 버터를 제외한 모든 반죽 재료를 넣고 반죽한다. 반죽이 어느 정도 뭉치면 실온 상태의 버터를 조금씩 넣으면서 부드럽게 되도록 반죽한다.
2 랩을 씌우고 반죽이 2~2.5배 크기가 되도록 실온에서 1시간 정도 발효시킨다.
3 공기를 살짝 빼고 반죽을 3등분하여 둥글린 뒤 랩을 씌우고 20분 정도 둔다.
4 세 덩어리의 반죽을 각각 40㎝ 정도로 늘인 뒤 세 가닥의 한쪽 끝끼리 붙여 누른다.
5 붙인 쪽에서 시작해 머리 땋듯이 세 가닥을 땋는다.
6 중간중간 삶은 달걀을 꾹 눌러 붙인다.
7 랩을 살짝 씌우고 40분 정도 2차 발효시킨다.
8 반죽 표면에 붓으로 달걀물을 바른 뒤 180℃로 예열한 오븐에서 35분 정도 굽는다.

• 삶은 달걀은 식용색소에 담가 예쁜 색을 내서 사용한다.
• 달걀은 실온 상태의 것을 사용한다.

콘캐서롤
Corn Casserole

포틀럭 파티나 홈 파티 때 이 콘캐서롤 하나만 준비해가면 인기 만발입니다. 이 레시피는 시어머니표 콘캐서롤로, 콘브레드보다 더 부드러운 데다 고소하고 달콤한 맛으로 고기 요리에 특히 잘 어울립니다.

재료 준비

1컵 = 240㎖

박력분 ⅔컵
콘밀 ½컵
옥수수 통조림·크림콘 통조림
1캔씩(432g)
달걀 2개
사워크림 1컵
녹인 버터 ½컵
설탕 3큰술
베이킹파우더 1큰술
소금 ¼작은술

1 볼에 박력분, 콘밀, 설탕, 베이킹파우더, 소금을 넣고 섞는다.
2 다른 볼에 물기 뺀 옥수수 통조림, 크림콘 통조림, 달걀, 사워크림, 녹인 버터를 넣고 섞는다.
3 ②에 ①을 넣고 부드럽게 섞는다.
4 베이킹 용기에 ③의 반죽을 담고 180℃로 예열한 오븐에서 1시간 정도 굽는다.

• 옥수수 통조림은 반드시 물기를 빼서 사용하고 크림콘 통조림은 그대로 사용해도 된다.
• 단맛을 좋아하면 설탕을 좀 더 늘린다.
• 할라피뇨를 조금 다져서 반죽에 넣고 체더치즈를 위에 올려 구우면 매콤하면서도 색다른 맛이 난다.

햄로프
Ham Loaf

시댁에서는 크리스마스가 되면 항상 이 햄로프를 만들었답니다. 그래서 남편은 이 요리를 먹을 때마다 엄마가 생각난다고 해요. 굽는 내내 맛있는 냄새가 집 안을 가득 채우는, 엄마의 따뜻한 요리입니다. 평소 손님 접대에도 솜씨를 발휘해보세요.

재료 준비

🥄 1컵 = 240㎖

간 돼지고기·다진 햄 450g씩
다진 크래커 1컵
달걀 2개
우유 ½컵
소금 ½작은술

드레싱
황설탕 ¾컵
식초·물 ¼컵씩
머스터드가루 2작은술

1 큰 볼에 간 돼지고기, 다진 햄, 달걀, 우유, 소금을 넣고 섞는다.
2 다진 크래커를 조금씩 넣으면서 반죽이 뭉치도록 부드럽게 섞어 반죽을 만든다.
3 베이킹 용기에 반죽을 담아 납작하고 기다란 모양이 되도록 만진다.
4 180℃로 예열한 오븐에서 1시간 동안 굽는다.
5 굽는 동안 냄비에 드레싱 재료를 모두 넣고 걸쭉하게 끓인다.
6 1차로 구운 ④의 햄로프 위에 드레싱을 적당량 붓고 1시간을 더 굽는다.
7 굽는 동안 15분마다 드레싱을 위에 덧뿌린다.

- 다진 크래커는 한 번에 모두 넣지 말고 반죽의 질기를 보면서 조금씩 넣는다.
- 드레싱을 자주 덧뿌릴수록 윤기가 더 나고 맛도 더 좋아진다.
- 드레싱 양을 늘려서 햄로프를 낼 때 소스로 곁들여도 좋다.

홀리데이 터키
Holiday Turkey

Holiday Recipe 04

미국의 홀리데이 요리 중에서도 메인이라 할 수 있는 요리입니다. 굽는 내내 집 안 가득 구수한 냄새가 진동합니다. 이제는 한국에서도 칠면조 고기를 구할 수 있으니 가족이 함께하는 휴일에 특별 메뉴로 준비해 맛있고 즐거운 시간을 보내보세요.

재료 준비

 1컵 = 240㎖

냉동 칠면조 1마리(5kg)
식용유(또는 실온 상태의 버터) 적당량
다진 레몬페퍼 적당량
소금 약간

1. 냉동 칠면조는 해동하여 깨끗이 씻는다.
2. 칠면조 겉과 안의 물기를 종이타월로 완전히 제거한다.
3. 칠면조를 팬에 올린 뒤 날개는 아래에 넣고 다리는 위로 모아 실로 묶는다.
4. 식용유를 칠면조에 고루 바른다.
5. 소금과 다진 레몬페퍼를 고루 뿌린다.
6. 160℃로 예열한 오븐에서 굽는다(굽는 시간은 아래의 팁 참조). 온도계를 가슴살에 넣었을 때 160℃ 정도 되면 익은 것이다.
7. 색이 어느 정도 나면 은박지를 살짝 씌운다. 오븐 백이 있으면 사용한다.
8. 다 익은 칠면조는 15~25분 정도 식혔다가 잘라서 낸다.

- 다진 레몬페퍼를 뿌릴 때 마늘, 바질, 타임 등 좋아하는 다른 허브를 다져서 함께 넣어도 좋다.
- 칠면조는 반드시 냉장고에서 꺼내 실온에 1시간 정도 둔 뒤 사용한다.
- 칠면조 안에 소를 넣을 때는 꽉 채우지 말고 여유 있게 채운다. 굽는 동안 익으면서 내용물의 부피가 늘어난다.

칠면조 해동하기

미국에서는 거의 냉동 칠면조를 사용한다. 해동 방법으로는 냉장실에서 서서히 해동시키는 방법과 찬물에 담그는 방법이 있는데, 냉장실에서 해동하면 1.8~2kg짜리가 해동되는데 하루 정도 걸린다. 찬물에 해동할 때는 포장을 벗기지 않은 상태로 뒤집어서 찬물에 담가두면 되는데, 이때 물을 새로 갈아주면서 해동해야 한다. 500g당 30분 정도 해동 시간이 걸리니, 5kg짜리라면 5시간 정도 예상하면 된다.

칠면조의 무게에 따른 굽기 시간

- 2~3kg : 2시간~2시간 30분 정도.
- 3~4kg : 2시간 30분~3시간 정도.
- 4~8kg : 3시간~3시간 30분 정도.

Holiday Recipe 05

머디 버디
Muddy Buddies

아이들은 물론이고 어른들도 자꾸 손이 가는 스낵입니다. 초콜릿과 땅콩버터가 아주 잘 어울려요. 간단한 간식으로도, 격식 갖춘 상차림 한구석에 놓기에도 좋은 메뉴입니다. 먹다 남은 시리얼이 있다면 꼭 한번 만들어보세요.

재료 준비

1컵 = 240㎖

첵스 초코 시리얼 4 ¼컵
슈거파우더 ¾컵
초코칩 ½컵
땅콩버터 ¼컵
버터 2큰술
바닐라액 약간

1 초코칩, 땅콩버터, 버터를 작은 볼에 담고 전자레인지에 돌려 초코칩을 녹인다.
2 바닐라액을 넣고 섞는다.
3 큰 볼에 첵스 초코 시리얼을 넣고 ②를 부어 버무린다.
4 지퍼백에 슈거파우더를 넣고 ③을 넣어 두 번 정도 흔들어 슈거파우더 옷을 입힌다.

건서양대추 & 견과 쿠키
Date & Nut Cookie

건서양대추의 깊은 달콤함을 느낄 수 있는 쿠키입니다. 지인이 구워준 것을 한 입 맛보고 그 맛에 반해서 레시피까지 받았지요. 추수감사절이나 크리스마스에 특히 잘 어울리는 쿠키예요. 어른 선물용으로도 좋을 만큼 쿠키가 격식도 느껴진답니다.

재료 준비

1컵 = 240㎖

중력분 1½컵
버터·땅콩버터(각각 실온 상태) ½컵씩
황설탕 1컵
다진 건서양대추 1컵
다진 호두(또는 다진 피칸) ⅓컵
달걀 1개
베이킹파우더·베이킹소다·시나몬가루·소금 ½작은술씩
바닐라액 1작은술

아이싱
화이트 초콜릿 1컵
식용유 1큰술

1 실온 상태의 버터, 땅콩버터, 황설탕을 큰 볼에 넣고 고루 저어 부드럽게 크림화한다.
2 시나몬가루, 달걀, 바닐라액을 넣고 고루 섞는다.
3 남은 재료를 모두 넣고 스패츌러로 마른 가루가 보이지 않을 정도로 섞는다.
4 반죽을 1큰술씩 떠서 오븐팬에 팬닝한 뒤 손으로 납작하게 누른다.
5 190℃로 예열한 오븐에서 8~10분 정도 구워 식힌다.
6 아이싱 재료를 작은 볼에 넣고 전자레인지에 돌린다.
7 화이트 초콜릿이 녹아 식용유와 섞이면 지퍼백이나 짤주머니에 넣고 ⑤의 쿠키 위에 장식한다.

- 건서양대추의 또 다른 이름은 대추야자다.
- 건서양대추 대신 건크랜베리나 건포도 등 다른 건과일을 사용해도 된다.

Holiday Recipe 07

스니커두들
Snickerdoodle

향긋한 시나몬슈거를 입힌 쿠키입니다. 우유를 곁들이면 그 맛이 한층 고급스러워지지요. 겉은 달콤하면서 살짝 갈라져서 바삭하지만 안은 겉과 달리 부드럽게 녹아요. 그 맛이 궁금하다면 망설이지 말고 만들어보세요.

재료 준비

1컵 = 240㎖

중력분 2¾컵
버터·식물성 쇼트닝
(각각 실온 상태) ½컵씩
설탕 1½컵
달걀 2개
주석산 2작은술
베이킹소다 1작은술
소금 약간
바닐라액 2작은술

시나몬슈거
설탕 2큰술
시나몬가루 2작은술

1 큰 볼에 버터, 식물성 쇼트닝, 설탕을 넣고 고루 저어 크림화한다.
2 달걀을 1개씩 넣고 섞은 뒤 바닐라액을 넣고 고루 섞는다.
3 중력분, 주석산, 베이킹소다, 소금을 체에 한 번 내려 ②에 넣고 가루가 보이지 않도록 스패출러로 살살 섞어 쿠키 반죽을 만든다.
4 작은 볼에 시나몬슈거 재료를 넣고 섞는다.
5 ③의 쿠키 반죽을 1큰술씩 떠서 둥글리고 시나몬슈거를 묻힌 뒤 간격을 두고 팬닝한다.
6 200℃로 예열한 오븐에서 8~10분 정도 굽는다.

• 주석산 대신 베이킹파우더를 1작은술 넣어도 된다.

Holiday Recipe 08

피칸 토피 바
Pecan Toffee Bars

고급스러운 고소한 맛을 내는 매력적인 쿠키입니다. 쫀득하게 씹히는 토피의 맛도 독특하고요. 흰 눈이 펑펑 내리는 날 커피와 함께 피칸 토피 바 쿠키를 먹는다면 무척 평안할 것 같아요. 당연히 크리스마스에 잘 어울리는 디저트이지요.

재료 준비

1컵 = 240㎖

8인치 팬 1개 분량

바닥지 반죽
중력분 ⅔컵
설탕 1½큰술
버터(찬 상태) 4큰술
우유 2~3작은술
소금 약간

쿠키 필링
피칸 1½컵
초코칩 ⅓컵
버터 5큰술
황설탕 ½컵
우유 1큰술
꿀 2큰술
소금 약간
바닐라액 1작은술

1 푸드 프로세서에 중력분, 설탕, 소금, 조각낸 버터를 넣고 돌린다.
2 우유를 조금씩 넣으며 돌린다. 손으로 집었을 때 반죽이 뭉치면 적당한 것이다.
3 팬에 유산지를 깔고 바닥지 반죽을 눌러 편 뒤 180℃로 예열한 오븐에서 10분 정도 구워 식힌다.
4 피칸은 잘게 다져 180℃로 예열한 오븐에서 5~8분 정도 구워 식힌다.
5 작은 팬에 버터, 황설탕, 꿀, 우유, 소금을 넣고 끓인다. 거품이 보글보글 올라오면 불을 줄이고 3분 정도 졸인다.
6 불을 끄고 살짝 식힌 뒤 바닐라액을 넣고 섞는다.
7 ④의 구운 피칸 1컵을 ⑥에 넣고 섞어 필링을 만든다.
8 ③의 바닥지에 필링을 잘 편 뒤 180℃로 예열한 오븐에서 17~18분 정도 굽는다.
9 ⑧을 오븐에서 꺼내 초코칩을 올리고 남은 피칸도 올린 뒤 다시 오븐에서 초코칩이 녹도록 2~3분 정도 구워 토피를 완성한다.
10 토피가 굳을 때까지 완전히 식힌 뒤 먹기 좋은 크기로 자른다.

- 피칸은 그냥 넣어도 되지만 미리 구워서 넣으면 더욱 고소하다.
- 바닐라액은 반드시 불을 끄고 살짝 식힌 뒤 넣는다. 너무 뜨거울 때 넣으면 튈 수 있으니 조심해야 한다.
- 토피가 뜨거울 때 자르면 녹아 흐를 수 있으니 완전히 식힌 뒤 자른다.

Holiday Recipe
09

호박 파이

Pumpkin Tartlets

한 입 사이즈라 보기만 해도 귀여운 미니 호박 파이입니다. 생강이 들어가 향도 좋아요. 간단 파이 도우나 시판 파이 도우를 사용하면 만드는 부담을 덜 수 있어요. 호박 대신 고구마를 사용해 또 다른 맛을 경험하는 것도 좋습니다.

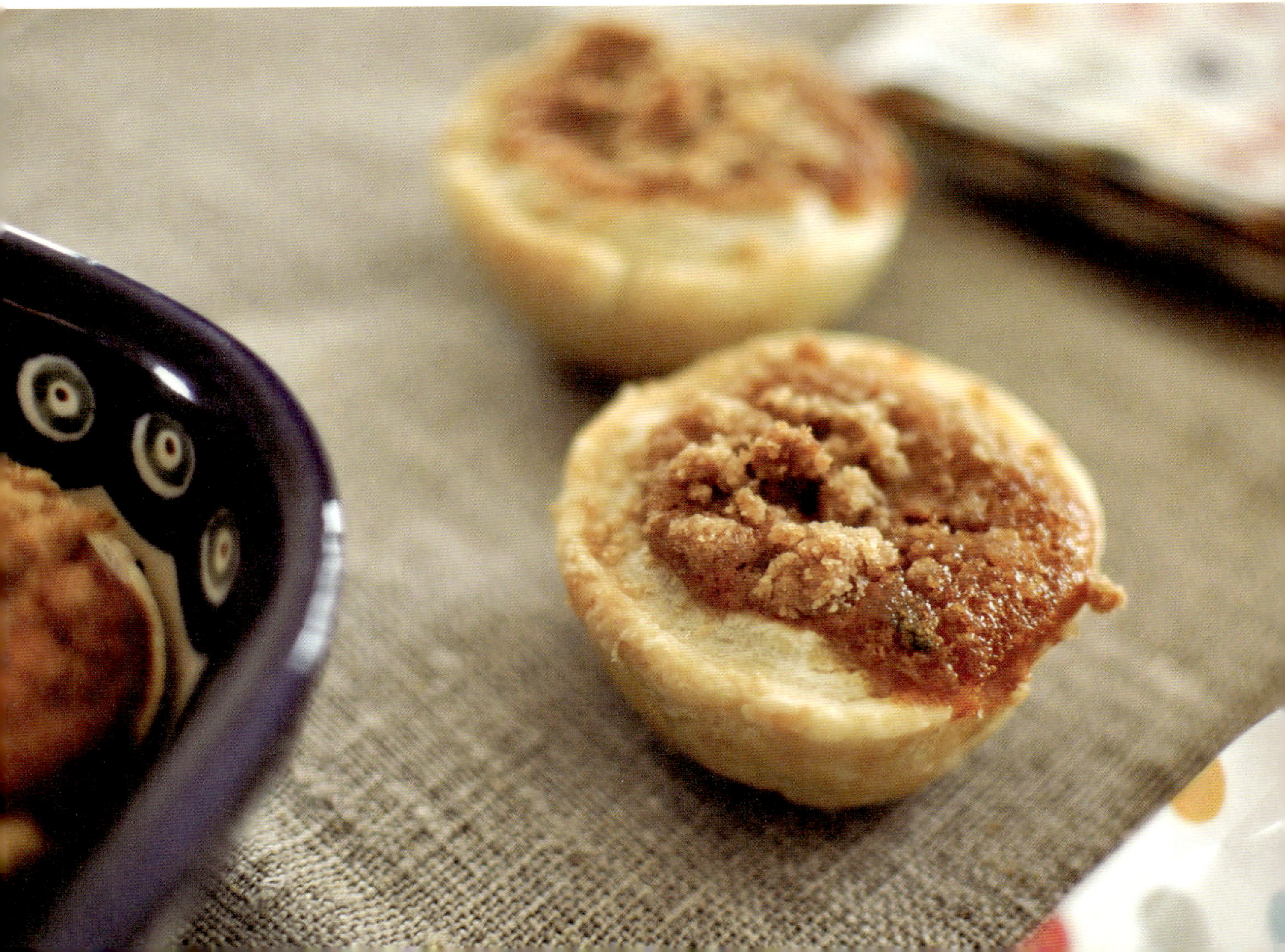

재료 준비

1컵 = 240㎖

미니 파이 24개 분량

파이 도우
중력분 1¼컵
버터(실온 상태) ½컵
크림치즈 85g

필링
삶아 으깬 단호박(또는 단호박퓌레 통조림) ½컵
달걀 1개
황설탕 ¾컵
생크림 3큰술
다진 생강 1작은술(또는 생강가루 ½작은술)
바닐라액 1작은술

토핑
중력분 ¼컵
황설탕 2큰술
버터(실온 상태) 1큰술

1 푸드 프로세서에 파이 도우 재료를 모두 넣고 반죽이 뭉치도록 돌린 뒤 24등분해 미니 파이 팬에 팬닝한다.
2 볼에 필링 재료를 모두 넣어서 섞고 팬닝한 파이 도우에 1큰술씩 얹는다.
3 작은 볼에 토핑 재료를 넣고 손으로 비벼서 고슬고슬하게 만든 뒤 1작은술씩 필링 위에 올린다.
4 200℃로 예열한 오븐에서 18~20분 정도 굽는다.

- 단호박 대신 고구마를 사용해도 맛있다.
- 토핑에 시나몬가루를 약간 넣으면 향이 더 좋다.

Holiday Recipe
10

가토 쇼콜라

Gateau Chocolat

초콜릿을 좋아하는 분들에게 강력 추천합니다. 진한 초콜릿 맛의, 진한 텍스처의 케이크입니다. 커피나 차와 특히 잘 어울리지요. 밸런타인데이나 생일 파티, 크리스마스에도 잘 어울리지만, 나른한 오후의 티타임에 함께해도 기분이 좋아지는 케이크입니다.

재료 준비

1컵 = 240㎖

지름 15㎝ 팬 크기 1개 분량

설탕 100g
코코아가루 50g
박력분 30g
달걀흰자·달걀노른자 3개씩
초콜릿 70g
버터 50g
생크림 70㎖
장식용 슈거파우더 적당량

1 코코아가루와 박력분은 체에 두어 번 쳐서 섞는다.
2 초콜릿과 버터는 중탕으로 녹인다.
3 볼에 달걀노른자와 설탕 20g을 넣고 크림색이 나도록 휘핑한다.
4 ②와 생크림을 넣고 섞는다.
5 다른 볼에 달걀흰자를 넣고 설탕 80g을 세 번 정도 나눠 넣으며 휘핑해 단단한 머랭을 만든다.
6 ④에 ⑤의 머랭 ⅓을 넣고 섞는다.
7 ①을 넣고 섞는다.
8 남은 머랭을 모두 넣고 스패출러로 살살 섞어 반죽을 완성한다.
9 팬에 유산지를 깔고 반죽을 깐 뒤 150℃로 예열한 오븐에서 50분 정도 구워 식힌다.
10 위에 슈거파우더를 뿌린다.

Holiday Recipe 11

초콜릿 쿠키 파이
Chocolate Cookie Pie

초콜릿 쿠키가 파이 안에 쏙 들어간, 쿠키와 파이를 한 번에 맛볼 수 있는 요리입니다. 따뜻한 파이 한 조각에 바닐라 아이스크림 한 스쿱을 얹어서 먹어보세요. 고소하면서 부드럽고, 따뜻하면서 차가운 맛이 의외로 근사하게 어울립니다.

재료 준비

1컵 = 240㎖

파이 도우 10인치 크기 1장(또는 냉동 파이셸 1장)
(p.20 기본 레시피 참조)

쿠키 필링
중력분·설탕·황설탕 ½컵씩
달걀 2개
초코칩·다진 호두(또는 다진 피칸) 1컵씩
녹인 버터 ½컵
베이킹소다 ¼작은술
소금 약간
바닐라액 1작은술

1 큰 볼에 달걀을 넣고 거품이 나도록 휘핑한 뒤 설탕, 황설탕, 바닐라액을 넣고 휘핑한다.
2 중력분, 베이킹소다, 소금을 체 쳐서 넣고 살살 섞는다.
3 녹인 버터와 초코칩, 다진 호두를 넣고 살살 섞어 쿠키 필링을 완성한다.
4 파이 도우에 필링을 붓고 170~180℃로 예열한 오븐에서 55~60분 정도 굽는다.

• 파이 도우 가장자리가 탈 수 있으니 어느 정도 색이 나면 은박지를 살짝 덮는다.

Holiday Recipe 12

크런치 호박 파이
Crunch Pumpkin Pie

호박 파이를 좋아하면 색다른 맛의 크런치 호박 파이를 꼭 맛보세요. 고소하고 부드러운 필링 위에 케이크 믹스와 피칸을 올려 화려한 맛을 냅니다. 특히 바삭하게 구운 피칸의 크런치한 맛은 일품이죠. 추수감사절이나 크리스마스에 꼭 만들어보세요.

재료 준비

🥄 1컵 = 240㎖

9×13인치 팬 1개 분량

케이크 믹스
박력분 2컵
설탕 1컵
드라이 탈지분유 ⅓컵
베이킹파우더 1큰술
소금 1작은술

필링
설탕 1컵
생크림 1컵
달걀 3개
호박퓌레 2컵
호박 스파이스 4작은술
바닐라액 1작은술

토핑
다진 피칸(또는 다진 호두) 1½컵
녹인 버터 ½컵

1 볼에 모든 케이크 믹스 재료를 넣고 섞는다.
2 다른 볼에 달걀, 호박퓌레, 바닐라액, 설탕, 호박 스파이스를 넣고 섞는다.
3 생크림을 넣고 부드럽게 섞어 필링을 만든다.
4 오븐팬에 필링을 붓고 ①의 케이크 믹스를 고루 뿌린다.
5 다진 피칸을 고루 뿌린다.
6 녹인 버터를 고루 바른다.
7 180℃로 예열한 오븐에서 55~60분 정도 구워 식힌다.

- 삶아 으깬 단호박을 사용하면 더 맛있다.
- 호박 스파이스 대신 시나몬가루 2작은술, 생강가루 1작은술, 너트메그가루 ½작은술, 정향 ½작은술을 섞어서 사용해도 된다.
- 생크림을 휘핑해서 곁들여 먹어도 맛있다.
- 완전히 식어서 필링이 굳으면 모양 있게 자른다.

INDEX

1~Z
1-2-3-4 케이크(홈메이드 케이크 믹스)	26
LA김밥	110

ㄱ
가지 파르메산	52
가토 쇼콜라	216
간단 만두	94
간단 파이 도우	20
갈릭 브레드	46
감자 셀러리 볶음	96
건서양대추 & 견과 쿠키	208
고야 참푸르	38
곰돌이 티 샌드위치	184
과카몰리	178

ㄴ
나폴리탄 스파게티	56

ㄷ
단호박 LA찰떡	122
단호박 스펀지케이크	154
당근 스콘	104
데리야키 소스 연어구이 & 칠리 마요네즈 소스	144
돈부리	62
드렁큰 누들	64
딸기 파르페	86
딸기잼	16

ㄹ
라이스 크리스피 스시 롤	118
라자냐	74
레몬 리코타 & 딸기 발사믹 브루스케타	134

레몬파이	92
레인보 컵케이크	130
리코타 치즈	19

ㅁ
마카로니 & 참치 샐러드	34
마파두부	156
머디 버디	206
몬테크리스토	186
몽키 브레드	48
무반죽 오트밀빵	44
미국식 호박전	66
미니 피칸 타르트	176
미트로프	80

ㅂ
바나나포스터	102
바비큐 소스 그릴드 치킨	120
바비큐 치킨 피자	116
바질 토마토 소스	21
반 미	192
버터 피칸 쿠키	190
베이글	182
베트남쌈	146
볼로네즈 소스	22
부활절 브레드	198
브라우니 쿠키	128
브렉퍼스트 피자	76
비스킷 & 밀크 그레이비	162

ㅅ
샐러드드레싱	17
샐러드빵	180

선드라이드토마토 못난이빵	50
세 가지 빈즈 샐러드	30
셀러리잎 볶음	98
소파필라 치즈케이크	172
스니커두들	210
스웨디시 미트볼	60
스위트 & 사워 피클	18
시나몬 커피 케이크	88

ㅇ

아몬드 타르트	174
알리오 올리오	54
애플 크리스프	108
에그 스트라타	138
오므라이스	68
오키나와 도넛	194
일본식 감자 샐러드	32

ㅊ

차이라테	84
초코칩 쿠키	126
초콜릿 쿠키 파이	218
치즈케이크 & 블루베리 소스	152
치킨 엔칠라다	142
치킨 포트 파이	166
치킨가스	78
칠리 & 칠리도그	168

ㅋ

케이준 슈림프	70
콘도그	112
콘캐서롤	200
쿠바식 갈비찜	150
크래브 랑군	164
크런치 호박 파이	220
크림소스(알프레도 소스)	24

ㅌ

타코 샐러드	160
토마토 & 바질 브루스케타	40
티라미수	90

ㅍ

페스토 치킨 라자냐	148
포크립	82
푸타네스카 스파게티	58
프레첼	124
프렌치 어니언 수프	36
프렌치토스트	42
피시 & 칩스	140
피칸 토피 바	212

ㅎ

해물 파에야	72
핸드파이	188
햄로프	202
허니 간장 소스 닭봉	170
호박 파이	214
홀리데이 터키	204
홈메이드 렌치 딥(드레싱)	136
홈메이드 프로즌 요구르트	106
홈메이드 햄버거	114

마이 데이 레시피

초판 1쇄 발행 2015년 7월 1일
초판 4쇄 발행 2024년 1월 22일

지은이 정윤정

발행인 이봉주 **단행본사업본부장** 신동해
마케팅 최혜진 신예은 **홍보** 반여진 허지호 정지연 송임선
제작 정석훈 **교정교열** 하은경 **디자인** 김효진

브랜드 웅진리빙하우스
주소 경기도 파주시 회동길 20
문의전화 031-956-7357(마케팅) 031-956-7087(마케팅)
홈페이지 www.wjbooks.co.kr
인스타그램 www.instagram.com/woongjin_readers
페이스북 www.facebook.com/woongjinreaders
블로그 blog.naver.com/wj_booking

발행처 ㈜웅진씽크빅 **출판신고** 1980년 3월 29일 제406-2007-000046호

©2015 정윤정(저작권자와 맺은 특약에 따라 검인을 생략합니다)
ISBN 978-89-01-20459-8 13590

웅진리빙하우스는 ㈜웅진씽크빅 단행본사업본부의 브랜드입니다.
이 책은 저작권법에 의해 국내에서 보호받는 저작물이므로 무단 전재와 복제를 금합니다.
이 책 내용의 전부 또는 일부를 이용하려면 반드시 저작권자와 ㈜웅진씽크빅의 서면 동의를 받아야 합니다.

※책값은 뒤표지에 있습니다.
※잘못된 책은 구입하신 곳에서 바꿔드립니다.